APPRIVOISER LE DEUIL

DU MÊME AUTEUR

Jusqu'au bout du chemin, Presses du Châtelet, 1998.

MARIE IRELAND

APPRIVOISER LE DEUIL

SURMONTER LA DISPARITION D'UN ÊTRE CHER

•MARABOUT•

A ma mère,

A tous ceux qui ont vécu et qui vivent un deuil qu'ils ne feront jamais,

Et à tous ceux que la mort d'un être aimé a fait grandir.

SOMMAIRE

PRÉAMBULE

DEUIL DE L'AUTRE, DEUIL DE SOI ?

« Toutes les fois que l'on éprouve la perte de la personne aimée, cette expérience amène à la sensation de sa propre destruction. »

(Mélanie Klein)

Aujourd'hui, dans une société qui a abandonné ses rites et qui prône l'individualisme jusqu'au mépris de l'autre, médecins, psychiatres et psychanalystes se penchent sur les manifestations du deuil, ses complications éventuelles et les façons de réinvestir sa vie après la perte d'un être aimé pour pouvoir reprendre le cours d'une existence normale. A les lire, nous sommes bien convaincus que le deuil n'est pas une maladie : les tenants et les aboutissants sont explicites, les stades de la souffrance définis, le travail clairement énoncé. En ce sens, le deuil est plutôt une réaction à la perte de l'objet d'amour, pour reprendre la terminologie freudienne. Mais comme il y a loin de la coupe aux lèvres ! L'expérience m'a pourtant appris que, à de très rares exceptions près, seuls ceux qui ont souffert se préoccupent de ceux qui souffrent. Les analystes évoquent le rachat, Freud parlait de « réparation ». Et si aucun rachat, aucune réparation n'était possible ? Dans ces schémas qui nous sont proposés pour que s'accomplisse le travail de deuil, quelle place les spécialistes laissent-ils à une réalité que l'endeuillé est seul à connaître et à supporter ? La perte est si cruelle, le travail si long, si douloureux, qu'il n'est pas toujours certain que ces êtres traumatisés puissent l'accomplir. Car en même temps que la perte de l'autre, n'importe-t-il pas aussi de vivre la perte d'une partie de soi, de celui que l'on était avant la disparition : époux heureux, père comblé, enfant confiant, fiancé aimant ?

La mort de l'autre nous contraint à mourir à nous-mêmes, nous la ressentons comme une amputation douloureuse qui en fait vaciller plus d'un au bord de la folie. L'inconcevable, pour l'endeuillé, consiste à accepter que l'instant soit définitivement clos, que ce qui fit son plus grand bonheur soit soudain transformé en « rien », en un « plus jamais » intolérable, inassimilable. Ce « plus jamais » que l'enfant répète lorsqu'il essaie d'intégrer l'irréversibilité de la mort et qui resurgit soudain : « Alors, si tu meurs, je ne te verrai plus jamais ? » Lors du séminaire « Un temps de désert pour un temps de deuil », animé en Tunisie en 1998, Jean-Yves Leloup a eu ces mots : « Tu me manques, je manque de toi. » Ils définissent très bien cette amputation de soi-même, cette part à laquelle il faut également renoncer, et que la relation avec le disparu avait créée, construite, entretenue à travers l'amour, voire la haine, et qui a brusquement cessé d'être. « Je ne serai plus jamais le fils ou la fille de ma mère, l'époux de ma femme, l'amant de l'aimée… » Ainsi, celui qui fut enfant, mari, amant doit aussi mourir. Il le doit, pourraient ajouter les spécialistes, « pour que le travail de deuil se fasse ».

Dans « Deuil et Mélancolie[1] », Freud écrit : « Le deuil amène le moi à renoncer à l'objet disparu en déclarant l'objet mort, en le dévalorisant, en le rabaissant et même, pour ainsi dire, en le frappant à mort. » Les Mossis, peuple d'Afrique, scandent une danse autour de leur mort en chantant : « Il faut le tuer. » Le tuer en soi-même, bien sûr, pour avoir une possibilité, au cours du travail de deuil, de s'en séparer à jamais. Comment, sinon, empêcher une mère de continuer à bercer, en elle, l'enfant disparu et de l'entretenir par là même dans son refus désespéré d'en faire le deuil ? Toute la violence contenue dans la pensée de Freud autant que dans le chant rituel des Mossis traduit bien l'immense difficulté à aborder le réinvestissement. Beaucoup de personnes en deuil s'y heurtent dans une solitude désolante car très peu songent à entamer une relation d'aide avec un médecin, un psychologue ou un psychanalyste. La plupart des médecins, d'ailleurs, ne sont pas formés au travail du deuil ; dépassés par un désespoir qui les désarme, ils se contentent de prescrire des calmants. Mais cette aide médicamenteuse, en empêchant la souffrance, ralentit le travail de deuil.

Il m'arrive souvent de rencontrer des couples qui viennent de perdre un enfant, par accident ou par suicide. Leurs premiers mots traduisent toute leur

1. Sigmund Freud, « Deuil et Mélancolie », in *Métapsychologie*, Gallimard, coll. « Folio essais », 1986.

détresse. Il me font penser à de petits esquifs perdus au cœur d'une tempête monstrueuse, ballottés sur une mer déchaînée, hostile, prête à les engloutir, sans aucun espoir de secours. Ils s'accrochent souvent l'un à l'autre avec une délicatesse, une tendresse qui laissent deviner qu'ils se ménagent mutuellement. Lorsque je leur demande s'ils cèdent aux manifestations de leur douleur, aux larmes, aux pleurs, aux cris, aux regrets verbalisés, la plupart me répondent en couvant leur conjoint du regard : « Non, je veux *le* ou *la* protéger. » Ne cherchent-ils pas plutôt à se protéger eux-mêmes ? Car s'entendre pleurer, raconter sa souffrance, n'est-ce pas s'obliger à la reconnaître, donc à l'accepter ? J'ai souvent l'impression que, par cet apparent stoïcisme, ce déni à peine déguisé, l'endeuillé temporise, se ménage tant qu'il peut, tentant vainement de différer, par cette non-manifestation de sa souffrance, le moment où il lui faudra enfin l'affronter. Il ignore qu'il perd ainsi toute possibilité d'accomplir le travail du deuil. Car démarrer ce travail consiste avant tout à reconnaître et à accepter la perte et ses conséquences. Certains s'y refusent. Ils finissent par s'y perdre.

Avant de verbaliser sa douleur, ne faut-il pas commencer par la laisser s'extérioriser ? Par hurler, se rouler au sol, frapper les murs, s'arracher les cheveux, se griffer les joues, offrir l'apparence d'un fou – car c'est bien une douleur folle que l'on éprouve dans ces moments-là. Après seulement viendrait l'apaisement. Le verbe trouverait sa place, pourrait dire la peine. Les larmes, au lieu de mener leur ronde infernale dans des corps douloureux, pourraient s'écouler, ramenant, au fil des jours, un semblant de paix.

La plupart du temps, l'endeuillé se tait, seul avec lui-même, isolé des autres. Le premier, l'ignoble choc passé, il a pleuré, entouré d'amis, de connaissances qui l'exhortaient au calme pour « ne pas se faire de mal ». Il a encore pleuré au bord de la tombe, s'effondrant par moments à la perspective d'une séparation irréversible, mais les mêmes amis, qui, honnêtement et avec une grande tendresse, pensaient l'aider, l'en ont empêché. Et puis il y a eu le retour dans la famille, où chacun ne songe plus qu'à se protéger. L'épouse, les parents, les enfants. Enfin, la vie a repris son cours. Sur son lieu de travail, dans son quartier, chacun souligne son « courage ». Ses voisins, ses amis se taisent à son approche. Ils l'entourent toujours, certes, mais en silence, un silence qui descend lentement autour de lui. Alors, pour ne déranger personne, l'endeuillé tente désespérément de maîtriser le maelström de souffrance qui gronde en lui, cet ouragan intérieur dont nul ne devine la violence, la force destructrice. Certains, ainsi, cessent doucement de vivre. Ils ne meurent pas, non ! On dira simplement d'eux, au fil des mois et des années : « Il a finalement bien supporté le coup ; bien sûr, ça l'a changé, la mort de son enfant (ou de sa femme). Mais il s'en est bien tiré. » En effet, il s'en est bien tiré : il n'a pas dérangé, pas scandalisé. Il n'a pas pleuré, pas crié. Il s'est tout simplement éteint, de l'intérieur, sans faire de bruit. Mais c'est un homme ! D'une femme, d'autres diront : « Elle s'est montrée très courageuse, elle a su prendre sur elle et protéger ses enfants. Quelle dignité ! »

Ce qui force l'admiration, c'est l'attitude de l'endeuillé. Pourvu qu'il ne dérange pas ! Les cris effraient, les pleurs incommodent, les lamentations lassent. Il m'arrive d'entendre dire, au sujet de deuils d'enfant si douloureux : « Je veux bien comprendre qu'elle *refuse* de faire le deuil de son enfant, mais qu'elle cesse au moins de nous en parler ! Cela fait des années qu'à chaque réunion de famille, elle nous casse les oreilles avec ça ! C'est fini, il faudra bien qu'elle s'y fasse ! »

Le deuil des autres résonne toujours tragiquement en nous, surtout si le disparu était jeune. Dans certaines familles, évoquer la mort d'un enfant paraît insupportable ; en revanche, on poussera volontiers le fauteuil roulant d'un handicapé. Or, quelle différence y a-t-il entre l'accidenté de la route et l'accidenté de la vie, c'est-à-dire l'endeuillé ? Il semblerait que l'un trouve plus aisément sa place que l'autre.

LE DEUIL À LA PRÉHISTOIRE

L'histoire de l'humanité s'est écrite autour de la vie, de l'amour et de la mort. Le deuil y trouve forcément sa place. Pour déterminer si les ossements qu'ils mettent au jour sont humains ou pré-humains, et non simiesques, les paléontologues recherchent les traces d'un rituel funéraire ; c'est ce rituel qui marque la limite entre l'humanité et l'animalité. Nous savons que l'homme de Neandertal, il y a quarante mille ans, pratiquait déjà ces rites. Les découvertes se succédant, nous n'avons pas fini d'apprendre à quel point les hommes de la préhistoire étaient déjà proches de nous. Ils nous ont longtemps été présentés comme des sauvages incultes, des brutes uniquement préoccupées de survivre dans un environnement hostile, car incapables de le maîtriser. Et voilà que l'on découvre qu'ils pratiquaient des rites ! Il y a quelques années, une étude a révélé que les sols où gisaient des ossements remontant à cette époque – environ 45 000 ans – présentent un taux de pollens inhabituellement élevé. Les chercheurs en ont déduit l'existence de rites funéraires avec offrande de fleurs. Ainsi, la notion de deuil est tellement forte qu'elle suffit à caractériser l'espèce humaine ; il n'existe pas de société sans rites, et ceux du deuil y tiennent une place prépondérante.

LE DEUIL DANS LA MYTHOLOGIE GRECQUE

La mémoire légendaire des âges passés nous rapporte la conduite de héros et de demi-dieux triomphant de la mort ou composant avec elle. Les mythes peuvent être considérés comme des projections affectives nées des angoisses de l'homme, auxquelles celui-ci peine à trouver des réponses. L'évolution l'a peu à peu amené à abandonner certains dieux pour en adopter d'autres ou se tourner vers d'autres croyances – foisonnantes en ce début de millénaire.

Déjà, les mythes grecs se faisaient l'écho de ces passages douloureux que sont la mort et le deuil. Comme tous les mythes, ils cédaient à l'attrait du merveilleux que nous retrouvons au long de l'histoire de l'humanité, aussi bien dans les tribus les plus reculées qu'au sein des grands courants religieux. Le monde des ancêtres, le paradis, la réincarnation, les rites maçonniques sont autant de perspectives de l'au-delà nous permettant d'appréhender les mystères et les angoisses de l'existence. Tous garantissent l'immortalité de l'âme – ou de l'esprit. La mort ne serait qu'un passage vers une autre vie, espérance qui adoucit la souffrance des endeuillés et les aide à supporter une séparation supposée provisoire. Seuls, les athées et les libres-penseurs voient l'éternité dans leur propre descendance. Il me semble que l'essentiel de ces croyances ou éthiques de vie suffit à rassurer et apaiser l'être humain face à la mort et à la souffrance liée à la perte.

Dans la mythologie grecque, le domaine des morts se trouve aux Enfers, gouvernés par Hadès, qui, comme tous les rois, refuse de perdre ses sujets. Mais, si Hadès refuse de rendre ceux que la mort lui a confiés, dieux et demi-dieux peuvent composer avec lui, voire s'imposer. Il arrive aussi qu'Hadès éprouve un être en deuil cherchant à rejoindre l'aimé et qu'il lui propose un marché. La négociation apaise la douleur ; elle laisse comme une porte entrouverte qui permet d'espérer. Mais l'inexorabilité de la mort rend l'épreuve trop difficile. Hadès est un roi heureux ; jamais la mort n'a rendu l'un des siens.

Les jumeaux Castor et Pollux

Pour séduire Léda, épouse de Tyndare et mère de Castor, Zeus prit l'apparence d'un cygne. De leurs amours naquit Pollux qui, contrairement à son demi-frère, n'était pas mortel, puisque fils de Zeus, maître des dieux. Au cours d'un combat, Castor fut tué ; Pollux, fou de douleur, supplia Zeus de ne pas lui permettre de survivre à ce frère bien-aimé. Pollux étant immortel, Zeus ne put accéder à son désir. Il fut donc envoyé au ciel, mais réclama de partager l'immortalité avec Castor. Zeus permit finalement aux deux frères de vivre alternativement six mois de l'année sur terre, et six mois au royaume des morts.

On explique habituellement ce mythe par l'amour fraternel. Ne peut-on également y voir l'impossibilité, pour les jumeaux, de faire le deuil l'un de l'autre ? Pollux offre la moitié de sa vie pour que son frère survive. C'est dans cette immortalité à moitié concédée qu'il trouve un apaisement à sa peine, sans que toutefois les deux frères puissent se revoir. La mort a donc accompli son œuvre ; le deuil s'impose, adouci par la magnanimité de Zeus. N'est-on pas au pays des dieux ?

Coré

Coré (ou Perséphone), fille de Zeus et de Déméter, déesse de la fécondité, fut enlevée par Hadès, roi des Enfers, qui souhaitait en faire sa femme. Ce rapt rendit Déméter folle de douleur. Ayant perdu toute raison, celle-ci se lança à la recherche de sa fille, sans boire ni manger, l'appelant sans cesse. Ayant appris qu'Hadès était le ravisseur, elle suspendit toute germination : la terre ne produirait plus jusqu'à ce que Coré lui fût rendue. La race des hommes se sentit menacée. On trouva un compromis : Coré passerait neuf mois sur terre avec sa mère – pendant la période de fécondité, de germination, de récoltes et de semence – et trois mois avec Hadès au Tartare, le royaume des morts. Ce mythe, tout en traduisant la désespérance d'une mère qui vient de perdre son enfant, souligne également la difficulté, pour une femme, à faire le deuil de sa jeunesse et de sa fécondité. Le mariage, qui transforme la jeune fille en femme, relègue toute mère dans la vieillesse. Déméter, dans sa lutte pour conserver sa fille, revendique également le maintien de sa puissance et de sa beauté.

Orphée

Le mythe d'Orphée symbolise, lui aussi, toute la difficulté du travail de deuil. Incapable de supporter la mort de sa femme Eurydice, Orphée descend aux Enfers pour la rechercher. Il réussit, à l'aide de sa lyre, à charmer le passeur Charon, le chien Cerbère et les trois juges des morts avant de parvenir jusqu'à Hadès, qu'il adoucit à son tour. Hadès ne lui impose qu'une seule condition pour lui rendre Eurydice : que dans leur longue remontée des Enfers, il ne se retourne pas une seule fois vers elle. Mais, parvenu à la lumière du soleil, Orphée la regarde pour s'assurer qu'elle l'a bien suivi et la perd pour toujours. Il s'agit là de ce marchandage qui, bien souvent, tourmente le survivant après la perte d'un être cher. Il est résolu à toutes les concessions, tous les rêves, toutes les folies pour le faire revenir, le revoir une seule fois. Chacun sait, pourtant, que nul ne revient jamais du royaume des morts. Si Orphée cède un instant à l'espoir de retrouver Eurydice, il est obligé d'admettre que son rêve est impossible – par sa faute. C'est donc bien à lui, et à lui seul, qu'incombe le travail de deuil.

On aborde ici l'une des notions les plus difficiles à concevoir, la notion d'irréversibilité. Autrement dit, le « plus jamais ».

LE DEUIL DANS L'UNIVERS JUDÉO-CHRÉTIEN

Le Moyen Age

Le Christ possède le pouvoir de résurrection : il ramène Lazare à la vie et lui-même ressuscite trois jours après sa mort. Le message chrétien rend le deuil plus supportable, puisqu'il contient la promesse d'une vie éternelle, donc de retrouvailles. « L'un des principaux apports de l'Église, me confiait récemment un prêtre, est *l'espérance.* » Ce sentiment s'appuie sur la certitude que, malgré l'irréversibilité de la mort, rien n'est jamais complètement fini. L'angoisse y trouve un apaisement.

Dès les débuts de l'ère chrétienne et jusqu'au Moyen Age, l'Église appuie sa doctrine sur le sacrement de l'eucharistie : donner le corps et le sang du Christ aux fidèles rappelle le sacrifice de Jésus, qui a offert sa vie pour laver les péchés du monde et ouvrir l'accès à la vie éternelle. L'eucharistie rappelle la culpabilité de l'homme, elle évoque l'angoisse de sa finitude et du moment où il devra paraître devant son Créateur. La mort renvoyant invariablement à la triste et inévitable fin de l'être, l'Église s'est attachée à régir son accompagnement et ses effets sur les survivants. La peur de l'enfer pèse sur les consciences. La notion de rachat se fortifie : l'Église vend des messes pour le repos des défunts… et des survivants. La Bible, écrite en latin, n'est accessible qu'aux ecclésiastiques ; le peuple n'a droit qu'à leurs interprétations. D'où, au XVIe siècle, la querelle des indulgences, ces parts de paradis vendues aux fidèles pour la rémission de leurs péchés et leur survie dans l'au-delà. L'Église, par la volonté de Léon X, y gagna la construction de la basilique Saint-Pierre de Rome. Ces excès furent à l'origine de la Réforme menée par Luther. En réaction, l'Église catholique réunit le concile de Trente (1545), lequel, entre autres, ouvrit une longue phase de ritualisation du deuil encadrée par le clergé. Le Jugement dernier prend dès lors une place prépondérante dans les consciences. Entre le Ciel et l'Enfer apparaît le Purgatoire, où les âmes des défunts morts en état de péché doivent se purifier dans la souffrance. Pour soulager les âmes qui y séjournent, les vivants ont la possibilité, sur terre, de prier et de consentir à certains renoncements.

En 998, une messe des défunts avait été instaurée ; elle devient universelle au XIIIe siècle. Elle est célébrée, chaque 2 novembre, pour le repos des âmes au Purgatoire. Un long parcours doloriste s'impose pour que le mort ait toutes les chances de trouver le Paradis ; les survivants y gagnent l'apaisement. L'Église assoit son pouvoir sur la culpabilité du défunt comme du survivant, cette culpabilité prégnante qui prend racine dans tout l'Ancien Testament et persiste, malgré le sacrifice du Christ, jusqu'à nos jours. Le rituel est entièrement tourné vers le mort en état de péché. Et, comme sa paix est seule garante de la paix des survivants, la période de deuil, avec ses rites et ses traditions, prend une importance toute particulière.

La famine et les épidémies bouleversent considérablement les rites de deuil durant tout le Moyen Age. La mort n'est plus individuelle, mais collective. Lors des épidémies, elle s'abat avec une telle violence que les survivants n'ont plus le temps d'enterrer leurs disparus, qui sont enlevés à pleins tombereaux et jetés dans des fosses communes. Les prêtres de l'époque ont toutes les peines à faire respecter les rites chrétiens : accueil du corps dans l'église, célébration des funérailles, messes pour le repos du défunt, inhumation dans un cimetière, dans l'enceinte duquel il est interdit de manger et de danser pour préserver son caractère religieux.

Les cimetières au Moyen Age

Au Moyen Age, les cimetières n'étaient pas ces endroits silencieux et souvent déserts qu'ils sont devenus. Vivants et morts y font bon ménage et il y règne une vie intense. Le cimetière est un lieu d'asile ; ceux qui y trouvent refuge bénéficient de l'immunité et sont protégés contre le pouvoir laïc. Des maisons sont construites au-dessus des charniers – ainsi place des Innocents, en plein Paris –, et il n'est pas rare de voir les tombes ouvertes et les cadavres transportés au milieu d'un va-et-vient turbulent de promeneurs, de marchands qui hèlent le chaland, d'artistes et de musiciens menant une joyeuse activité. Des écrivains publics offrent leurs services, des recluses élisent domicile dans des maisonnettes, les unes murées pour consacrer leur vie à la dévotion, les autres enfermées là parce que condamnées à une lourde peine. On y trouve également des fours banaux. Cuire le pain au milieu d'ossuaires sur lesquels flottait une odeur pestilentielle ne semblait gêner personne. Le cimetière était aussi lieu de réjouissance : on y dansait, on s'y rencontrait pour nouer des idylles. Gueux et marchands, fripons et badauds s'y côtoyaient. Que de vie dans ce monde de la mort ! Et quelle aide précieuse pour les endeuillés, dont le souvenir des disparus se mêlait à ce mouvement intense, coloré, bruyant ! Malgré les interventions du clergé y interdisant toute activité profane, le cimetière du Moyen Age demeure avant tout un lieu de vie[1].

DEUIL ET ROMANTISME

Avec la période romantique s'ouvre une autre dimension de la mort et du deuil. Le romantisme se caractérise par une sensibilité exacerbée, l'exaltation des passions. Le sentiment domine la raison. Vigny, Musset chantent leur souffrance et leur difficulté à survivre après la mort de femmes qu'ils ont aimées. Lamartine, six mois après la mort d'Elvire, écrit : « Je reste seul, mais j'ai presque la certitude que ce ne sera pas pour longtemps ; je puis déjà d'avance me compter au nombre des morts. » Plus tard, Victor Hugo consacrera une partie de son œuvre à sa fille, Léopoldine, qui s'est noyée à Villequier avec son époux. Le poète ne se remettra jamais de cette disparition. Le chagrin conduit cet athée à s'adresser au Dieu-Père et à faire tourner les tables, lors de son exil à

1. Philippe Ariès, *L'Homme devant la mort*, Le Seuil, 1977.

Jersey, au cours d'interminables séances de spiritisme. A l'époque romantique naît le goût des belles tombes, que l'on décore et fleurit, et sur lesquelles se recueillent les survivants. Un véritable culte des morts voit le jour autour de ces lieux. En Corse, nombre de familles sont enterrées dans des chapelles qui sont de véritables œuvres d'art. Le cimetière d'Ajaccio offre une telle diversité de tombeaux, tous plus beaux les uns que les autres, qu'il a été bombardé par les avions allemands durant la dernière guerre : les pilotes l'avaient confondu avec la ville.

LES DEUILS COLLECTIFS OU LE TRAVAIL DE MÉMOIRE

La Grande Guerre de 1914-1918 a parsemé la France de monuments aux morts, régulièrement honorés. Y sont gravés dans la pierre les noms des soldats tombés au champ d'honneur, auxquels ont été ajoutés depuis ceux des disparus en 1940-1945. Autour de Verdun, la campagne est plantée de vastes cimetières américains, et l'on trouve aussi en Alsace (à Niederbronn, dans le Bas-Rhin) des cimetières érigés en souvenir de jeunes Allemands tombés durant les deux dernières guerres. Tous sont remarquablement bien entretenus ; les vivants y perpétuent le souvenir des morts, auxquels ils rendent régulièrement hommage.

Il ne peut y avoir d'*histoire* sans *mémoire*. Les victimes des camps de concentration et d'extermination nazis ont fort bien décrit leur lutte pour survivre à tout prix, afin de transmettre, de témoigner et d'éviter que l'oubli ne s'installe. C'est une même et douloureuse obsession qui hante les familles d'enfants ou d'époux disparus sous un régime dictatorial, comme dans l'Argentine de Videla ou le Chili de Pinochet, par exemple. Souffrance collective dont chacun de nous, même s'il n'est pas concerné, ressent les émois. Tout deuil collectif est avant tout un deuil individuel.

Une image m'a particulièrement frappée lors de la guerre du Kosovo. Un homme arrivait à la frontière de la Macédoine en poussant son vieux père dans une brouette. Plusieurs jours de marche, la difficulté de la tâche, la peur, le souvenir de ce qu'il venait de vivre l'avaient épuisé. Tableau pathétique, si effrayant que j'ai ressenti, de mon fauteuil, le besoin fou de l'aider à franchir ses derniers pas vers la liberté, la vie. Mais je l'ai vu s'immobiliser, déposer les deux bras de la brouette et s'agenouiller, en pleurs. Un douanier s'est porté à sa rencontre et, très amicalement, a voulu l'aider à se relever et à passer la barrière. Rien n'y fit, l'homme demeurait effondré, comme ancré à cette terre, sa terre qu'il pleurait. Terre mère, mère nourricière, mère patrie. Deuil de la terre, deuil de la mère : il me semble qu'ils sont tous deux aussi difficiles à faire. La preuve nous en a été donnée chaque jour, puisque, malgré les conseils de prudence, les terrains minés et les risques liés à un retour trop rapide, les Kosovars ont repris très vite le chemin de leur maison, de leur village, de leur terre.

Les cérémonies autour des monuments aux morts sont des rites auxquels nous n'avons pas tout à fait renoncé. Les anciens combattants – de moins en moins nombreux –, les élus et les écoliers conduits par leurs enseignants participent encore à ces commémorations. A travers ces noms gravés dans la pierre, les survivants se souviennent du fils de paysan, d'ouvrier, de militaire, tombé pour défendre une terre. Et c'est encore de terre qu'il s'agit à l'évocation des camarades disparus, d'une jeunesse enfuie, d'une période difficile et douloureuse où l'identité – la mère patrie –, le sol – la terre mère – étaient en péril.

J'ai grandi en Alsace-Lorraine. Ces deux provinces ont été particulièrement touchées par les trois dernières guerres (1870, 1914, 1940). Tour à tour français puis allemands, les Alsaciens-Lorrains ont dû, à chaque annexion, assumer durement le deuil de leurs racines, de leur culture, de la langue mère. Leur histoire est celle d'une identité en deuil. Ils en ont tiré une grande richesse intérieure qu'ils conservent grâce à une solide tradition à la fois sociale, religieuse et commémorative. Chaque fois que j'y retourne, je suis frappée par l'importance des rites et des coutumes qui y perdurent. Il n'en demeure pas moins qu'en Alsace, des maisons restent fermées depuis les années 40, inhabitées. On y voit également des cimetières ouverts à tous vents, des pierres tombales gisant parmi les herbes folles et dont le temps a effacé jusqu'aux noms. Ce sont des maisons et des cimetières juifs. Aucun descendant ne viendra plus les faire revivre, ni les réhabiliter. Leur histoire est pourtant inscrite dans notre mémoire ; les témoins de cette époque ont mesuré toute la difficulté à faire le deuil, à la fois d'une humanité qui a failli et de ces milliers d'hommes, de femmes et d'enfants disparus sans sépulture, sans un petit bout de terre témoignant de leur mort, donc de leur existence.

En négligeant d'entretenir ces cimetières, ce n'est pas seulement leur mort que nous renions, c'est aussi leur vie. C'est comme s'ils mouraient une deuxième fois, comme s'ils n'avaient jamais existé. Le devoir de mémoire et le travail de deuil sont intimement liés. L'un ne peut pas se faire sans l'autre.

LES FEMMES ET LE DEUIL

Étrangement, ce sont les femmes qui portent le plus ostensiblement le deuil, elles que l'on voit, à travers l'histoire, s'envelopper de longs voiles noirs dans lesquels elles disparaissent. Elles encore qui se jettent sur le bûcher où brûle leur mari défunt. Elles qui jouent le rôle de pleureuses et se couvrent la tête de cendres. Elles qui, après les guerres, portent le deuil leur vie durant. Ce sont les jeunes veuves, enfin, que les hommes lapident, dans certains pays méditerranéens, si elles osent aimer de nouveau. Au début du siècle, Marie Curie s'éprit d'un autre homme après la mort accidentelle de Pierre. Elle dut cacher cette idylle tant elle déclencha de haine et de ressentiment.

La femme donne la vie, certes. Il semble que ce rôle créateur lui soit encore dévolu à chaque « passage ». C'est elle qui se charge de l'accompagnement de fin de vie, elle qui procède à la toilette du mort puis continue, dans ce rôle interminable que la société lui impose, à vivre la perte. Ne serait-elle pas celle que l'on désigne, tout naturellement, comme garante de la paix des survivants ? A moins que cette héritière d'Ève n'ait encore, à ce titre, au fond de quelque inconscient collectif, un péché à racheter ? Je n'en serais pas étonnée, à considérer la haine qu'une veuve suscite lorsqu'elle ose interrompre un deuil – qu'elle a sans doute achevé – et rêver de nouveau d'une vie normale. Sortir, se distraire, porter des couleurs vives, aimer... Tout cela était très mal vu il n'y a pas si longtemps encore. De nos jours, heureusement, on est plus tolérant.

Toute période de deuil nous projette dans un univers de souffrance dont nous ne connaissons pas la fin. Chaque deuil est différent. Chaque travail de deuil dépend de la personne qui le vit, de son histoire, du sens qu'elle donne à sa vie et à la mort. Chacun de nous, tôt ou tard, est appelé à vivre un ou plusieurs deuils. Nous avons beau connaître ce que l'on appelle les étapes du deuil, savoir de quelle manière les passer pour que s'estompe l'intense douleur liée à la perte et que vienne l'apaisement, aucun de nous n'est sûr, le moment venu, de savoir les repérer, les affronter et les surmonter. Il est des souffrances devant lesquelles l'être humain se sent si fragile, si démuni, qu'aucune recette, aucune expérience, aucun soutien, si intense soit-il, n'apporteront plus la paix. Réussir le travail du deuil consiste à accepter la perte de l'être aimé, mais aussi à renoncer à celui ou celle qui, en nous, vivait par lui. Si un enfant vient de perdre sa mère, il ne suffira pas qu'il dise : « Ma mère est morte » et accepte la cruelle réalité de cette perte. Il faudra également qu'il accepte que meure en lui l'enfant de sa mère qu'il était et ne sera plus jamais. Et cela me paraît une épreuve d'une difficulté extrême.

1

RITES DE DEUIL

> *« Le deuil intervient dans toutes les circonstances où nous sommes contraints par une réalité soudaine ou prévisible d'abandonner la réalisation d'un désir, fût-il légitime : d'abandonner une conception personnelle de la vie ou du bonheur pour chercher autre chose à quoi nous n'avions pas pensé, à quoi nous n'étions pas préparés, à quoi nous voulions justement échapper ; nous pensions que cela ne nous arriverait jamais (pertes, séparations, abandons, échecs, humiliations, injustices, décès, etc.). »*
>
> (Claire Kébers, *Étude sur la mort : la douleur du deuil,* XXIIIe congrès de la Société de thanatologie, Paris, 1996.)

PEUR, JOIE, VIE, MORT, RENAISSANCE : QUELLE SIGNIFICATION POUR LES RITES ?

Nous ne manquons pas d'études sérieuses sur les rites funéraires tels qu'ils furent pratiqués dans l'Histoire, depuis plus de cent mille ans avant J.-C. jusqu'à nos jours[1]. Par-delà ces découvertes, ces observations, ces

1. James George Frazer, Arnold Van Gennep, Philippe Ariès, Jean-Pierre Mohen.

analyses, tout atteste de la nécessité du rite pour tout groupe humain sitôt formé. Il n'existe pas de société sans rites, au point qu'ils semblent avoir été élaborés pour maintenir efficacement la cohérence du groupe dans les grands moments de la vie : naissance, passages d'un âge à l'autre, mort et renaissance dans un autre monde selon les croyances. Les rites sont magiques, conjuratoires. Ils relient les membres d'un même groupe, structurent le vide et donnent un sens bien précis à la joie autant qu'à la souffrance. Certains, de nos jours, en critiquent l'usage ; ils les jugent vides de sens, inadaptés, obsolètes ; d'autres continuent de leur reconnaître cette valeur qu'il y a plus de cent mille ans, nos ancêtres leur ont conférée.

L'héritage de notre ancêtre Neandertal

L'homme moderne se conduit trop souvent encore comme s'il était le premier, dans l'histoire de l'humanité, à réfléchir, agir et progresser. Voici pourtant comment Catherine Cooley nous présente l'homme de Neandertal : « Sensible, il est le premier homme connu de l'humanité à enterrer ses morts. Et pas n'importe comment. Les parois des tombes sont souvent recouvertes de pierres. Parfois, des offrandes, cornes ou pattes d'animaux, par exemple, ou même un lit de fleurs accompagnent le défunt dans son voyage vers l'au-delà. » Et d'ajouter : « On a toujours présenté Neandertal voûté, arborant un air de crétin. Grave erreur[1] ! » Même si l'idée

1. *Science et Vie*, mai 1992.

de progrès n'avait aucun sens pour nos ancêtres du Paléolithique, ils connaissaient l'espérance, le bonheur et la souffrance. La mort et le deuil semblent avoir été pour eux, comme pour nous, d'éprouvants traumatismes. Aujourd'hui, la science nous a révélé nombre des mystères de la vie et de la mort. Eux n'avaient pas cette chance. La violence de la perte, l'angoisse de la disparition, du non-retour, les amenèrent à élaborer ces rites dont les préhistoriens nous livrent les secrets et qui permirent leur ancrage dans cette réalité autour de laquelle chaque groupe est uni. Des fleurs, des coquillages, des débris d'outils et d'armes, des bijoux étaient déposés dans les tombes, autour du corps du défunt. Peut-on y voir les premiers rites d'oblation, action par laquelle les survivants offrent des présents à une divinité, garantissant ainsi le passage vers une autre vie du père, de la mère ou de l'enfant mort ? Déjà apparaissent les questions qui n'ont cessé de se poser aux humains et auxquelles les mouvements religieux et philosophiques ont tenté d'apporter des réponses : qui sommes-nous ? d'où venons-nous ? où allons-nous lorsque notre vie sur terre se termine ? Pourquoi la souffrance ? le sacrifice ? la perte ? Pour qui, surtout ? Les offrandes, la position des corps laissent deviner la peur, l'incompréhension ressenties devant la mort et le deuil, en même temps que l'espoir d'un apaisement pour le défunt comme pour le survivant. Des crânes étaient polis, colorés pour être vénérés.

Nos ancêtres de la préhistoire espéraient une autre vie dans l'au-delà. A l'angoisse devant la mort, à la souffrance liée à la perte, ils apportaient les premières réponses, ce qui laisse supposer une approche psychologique déjà fine et approfondie de l'individu et du groupe auquel il appartenait. Le corps n'est pas éternel, la perte est irrémédiable, croire au néant est insupportable. On voit donc apparaître un médiateur entre la terre et l'au-delà, premier intermédiaire sacré dont Jean-Pierre Mohen dit : « Le personnage du chaman, important dans la vie spirituelle des Inuits, et sans doute représenté sur les parois de grottes ornées d'époque paléolithique comme celles des Trois-Frères dans l'Ariège, ou celle du Gabillou en Dordogne, serait l'intermédiaire indispensable entre les esprits du royaume des morts et le monde terrestre des vivants. Lui seul est habilité à régler les problèmes difficiles du passage de l'un à l'autre[1]. » Dans *La Plus Belle Histoire de l'homme*[2], André Langaney, Jean Clottes, Jean Guilaine et Dominique Simonnet, abordant l'éveil du sacré dans la préhistoire, n'hésitent pas à écrire : « Les hommes de cette époque, *capables de manier des concepts très évolués*, ont acquis une vision du monde qui fait intervenir des puissances surnaturelles avec lesquelles ils cherchent à entrer en relation. » Puis, décrivant l'art pariétal, ils soulignent que, pour l'homme préhistorique, la grotte était surtout un lieu de culte : « Choisir les ténèbres profondes, c'est entrer délibérément dans un autre monde », et « pénétrer dans les entrailles de la terre, c'est voyager dans l'ailleurs ». Ce qui leur permet d'évoquer le monde sacré de l'époque : « D'autant plus que les hommes, ou les femmes, capables de s'enfoncer ainsi

1. J.-P. Mohen, *Les Rites de l'au-delà*, Odile Jacob, 1995.
2. Le Seuil, 1998.

dans les ténèbres ne sont pas n'importe qui, mais des initiés, des chamans. Le chaman est un médiateur, l'intermédiaire avec le milieu surnaturel. Il se rend dans le monde des esprits et discute. »

POUR QUI LES RITES DE DEUIL ?

Ainsi, alors qu'on se demandait, il y a encore peu, si l'homme de cette époque n'était pas plutôt un animal, s'élaboraient déjà des liens entre le profane et le sacré. Il n'existe pas de groupuscule humain, de tribu, de société, de civilisation, de religion qui n'ait pratiqué de rites autour de la mort. Nul n'est jamais revenu pour raconter ce qu'il avait vu et conseiller et organiser l'accompagnement vers l'au-delà : les rites de deuil ont été élaborés par les vivants et pour eux-mêmes. Les rites de passage du mort vers l'au-delà, le paradis ou le monde des ancêtres ne seraient que la projection des désirs et des craintes des survivants. A cause de la cruauté de la perte et de la douleur qui l'accompagne, on souhaite pour le disparu un passage serein vers l'éternité ; cependant, la culpabilité qui préside si souvent aux relations individuelles pousse à espérer un départ définitif, sans risque de retour. D'où la peur des fantômes, des revenants censés réapparaître sur terre pour hanter les vivants. C'est pour l'apaisement des endeuillés que le mort doit trouver le repos. Et c'est pour que le mort trouve le repos que le rituel s'accomplit. Dans *Totem et Tabou*, Freud démontre l'ambivalence des sentiments qui unissent morts et survivants. Que ce soit avec son père ou sa mère, avec son enfant, au sein d'une fratrie, entre époux, toute relation est à la fois tissée d'amour et de haine. L'être humain étant un être de plaisir, il lui est souvent difficile de céder au désir ou à l'autorité de l'autre sans nourrir et refouler de puissants souhaits de destruction. « Ces sentiments hostiles à l'égard des parents les plus proches et les plus chers pouvaient bien rester latents, tant que ces parents étaient en vie, c'est-à-dire ne pas se révéler à la conscience, directement ou indirectement, par une formation substitutive quelconque. Mais, après la mort des personnes à la fois aimées et haïes, cette situation ne peut subsister, et le conflit doit nécessairement prendre un caractère aigu[1]. » On voit à quel point l'esprit ou l'âme du défunt, selon nos croyances, continue d'agir sur le survivant. Si l'un ou l'autre ne parvient pas à s'élever et à trouver un repos définitif, il reviendra hanter le monde des vivants. Cette peur des morts est bien connue. Des cadavres ont été retrouvés solidement ficelés, d'autres avaient les jambes brisées, les yeux crevés, d'autres encore étaient cloués pour que le mort ne revienne pas se venger. Cette crainte existait déjà dans les tribus primitives. « Les primitifs ne cherchent pas à dissimuler la peur que leur inspire la présence de l'esprit et la crainte qu'ils éprouvent à l'idée de son retour possible ; ils ont recours à une foule de cérémonies destinées à le tenir à l'écart, à le chasser[2]. » Cette peur prend sa source dans la culpabilité, et les rites de deuil ont été élaborés pour canaliser l'angoisse qui

1. Sigmund Freud, *Totem et Tabou*, Petite Bibliothèque Payot, 1977.
2. *Ibid.*

étreint le survivant au cours de cette expérience tragique et éprouvante. Ils régulent, réconfortent, apaisent. Le groupe tout entier participe à cette dynamique. C'est un peu comme si la personne en souffrance disait : « Je ne me sens pas seule au milieu de vous, abandonnée avec mon chagrin. Votre présence, ces gestes que nous accomplissons ensemble me soutiennent dans mon adieu à l'être aimé. Je vous sens solides et présents autour de moi, ce douloureux passage me devient plus supportable et je m'apaise en pensant que nous facilitons ainsi le départ de celui ou celle qui n'est plus. »

LA SOUFFRANCE QUI DÉRANGE

Entourée de sa famille, de ses amis, la personne en deuil se sent reconnue, elle existe, sa douleur et sa fragilité sont en phase avec un rituel élaboré de telle sorte qu'elle puisse donner un sens à la tragédie qui s'est abattue sur elle. Dans nos sociétés, les rites de deuil ont toujours été plus ou moins maîtrisés. Dans l'Antiquité, les femmes n'hésitaient pas à couvrir leurs cheveux de cendres et à les arracher en se lamentant. Chez certains peuples d'Afrique, des combats, des danses et des chants s'ajoutent aux pleurs et aux cris. Ils témoignent de l'intensité du traumatisme qui frappe les vivants et de la violence des sentiments qui les agitent. Les transes et l'ivresse accompagnent ces manifestations de la douleur, mais elles demeurent fortement ritualisées. Le groupe tout entier est en danger face à la mort. Aux désordres et à la violence de la perte répond la puissance du rite qui se déroule au milieu des manifestations diverses. Le groupe doit survivre : le deuil qu'il entame selon un rituel bien précis l'aide à se séparer définitivement du mort. Il est aussi un vibrant appel à la vie.

Nous aurions tort de croire que nos deuils se font sans violence. Elle n'est pas apparente, parce que nous y sommes contraints par les usages et par l'entourage qui pense – à tort – que crier sa douleur est à la fois dangereux et déplacé. En réalité, nous redoutons la souffrance de l'autre : entendre hurler, pleurer, choque.

L'annonce de la mort d'un être aimé, la nécessité de survivre et d'intégrer cette perte sont deux traumatismes d'une violence telle qu'ils provoquent des malaises immédiats : effondrement, picotement des extrémités, tachycardie, sensation d'étouffement, évanouissement... Une mère à qui l'on venait d'annoncer que son enfant était atteint d'une maladie grave m'a confié : « Je suis rentrée chez moi avec l'horrible impression d'avoir cinquante kilos sous chaque pied. »

Le geste traduit également la violence du choc : certains se replient sur eux-mêmes, comme pour contraindre l'insupportable souffrance qui se lève en eux. D'autres titubent, les jambes fauchées. D'autres tombent, tout simplement. Il semble que, dans ces cas, nous ployions sous la violence qui nous étreint au lieu de l'extérioriser, de la précipiter hors de nous comme cela se fait tout naturellement dans d'autres sociétés. Mais est-ce aussi simple ?

Je me souviens d'une voisine qui venait de perdre son époux. J'avais huit ans, elle pouvait en avoir trente ou quarante, mais je la voyais très vieille en raison de mon jeune âge. J'étais chez ma grand-mère, la nuit était tombée, lorsque des hurlements déchirants retentirent dans le quartier. En quelques secondes, nous fûmes sur le balcon. Dans l'immeuble d'en face, on ne voyait qu'une fenêtre éclairée, au quatrième ou au cinquième étage, et la silhouette de cette femme qui tentait de se jeter dans le vide et que ses proches retenaient. La scène dura longtemps, âpre, violente, à l'image de ce que cette veuve devait ressentir. Je ne l'ai pas oubliée.

A l'heure où je réfléchis sur la meilleure façon d'aider les personnes en souffrance, ce souvenir me hante encore. Il m'arrive de penser que j'étais trop jeune pour affronter un tel désespoir, mais, honnêtement, l'affronterais-je plus facilement aujourd'hui ? Est-ce à dire que la souffrance des autres, ses manifestations, sont intolérables ? Est-ce pour cela que notre premier mouvement, devant une réaction violente de chagrin, est de le calmer ? Est-ce l'apaiser que d'interdire à la personne de l'exprimer, de le vivre ? Combien de fois ai-je entendu : « Calmez-vous, vous allez vous rendre malade », sur ce ton supérieur que l'on emploie pour réconforter les enfants qui ont fait un cauchemar. Mais un cauchemar n'est qu'un mauvais rêve. Un deuil est une cruelle réalité. Lors de funérailles, dans une église, j'ai vu le prêtre monter le son d'une chaîne stéréo pour couvrir les cris d'une mère qui enterrait son enfant. Ces pleurs – réaction ô combien naturelle et partageable – dérangeaient manifestement. La sensibilité de l'entourage ainsi ménagée, quel espace restait-il pour la souffrance de cette femme ? Aucun ! Alors que, dans les rituels africains, la violence peut s'exprimer sans réserve.

Le silence ! L'effrayant silence de la personne en deuil. Notre société la bâillonne pour ne pas « faire désordre ». Elle-même se bâillonne pour protéger les siens. Je rencontre tant d'hommes, de femmes et d'enfants tétanisés par la douleur. Cela se devine dans leur corps, s'entend dans leur voix, se lit dans leur regard, se surprend dans leurs gestes. Nous n'avons pas le droit, dans un monde qui se dit moderne, de les oublier sur le bord du chemin sous prétexte que la souffrance dérange. Tous ceux qui ont fait l'expérience de la perte savent combien l'endeuillé a besoin d'aide. Il est vrai que l'on ne peut pas forcer des gens heureux, pleins de vie et d'espérance à regarder la mort en face. Dénoncer et culpabiliser serait tout aussi maladroit. C'est là, précisément, qu'une société ritualisée remplissait son rôle. Longtemps, les rites de deuil ont été d'essence spirituelle, puisqu'ils impliquaient une notion d'au-delà, de vie après la vie. Un prêtre à qui je posais la question : « Pourquoi la religion ? » me répondit sans hésiter : « Pour l'espérance. »

QUELLE PLACE POUR L'ESPÉRANCE DANS UNE SOCIÉTÉ LAÏQUE ?

Une société qui se tourne résolument vers la laïcité saura-t-elle élaborer de nouveaux rites et trouver l'espace nécessaire à l'espérance ? Les athées mènent un sérieux travail de réflexion sur la religion ; s'ils ont renoncé à croire en Dieu, ils ont accompli un certain travail sur eux-mêmes. Rationalistes, ils assument leurs convictions. Après leur mort, ils survivront dans leur descendance et dans le souvenir qu'ils laisseront d'eux. Le néant que représente la mort ne les effraie pas, ou peu. Ils paraissent accepter leur propre finitude. En sera-t-il de même pour leurs survivants ?

Je viens d'assister aux obsèques d'une jeune amie, décédée dans un accident de voiture. J'étais très angoissée en pénétrant dans l'église où devait se dérouler la cérémonie funèbre. La révolte, l'incompréhension, le chagrin m'agitaient et provoquaient en moi les sensations habituelles d'un état de stress : palpitations, gorge et nuque douloureuses, oppression de tout mon corps. L'église était comble. On ne meurt pas à vingt-sept ans sans laisser derrière soi une souffrance indicible. Elle était palpable dans cette foule recueillie. Le cercueil fut amené, poussé par le père et les fils, et le rituel traditionnel débuta. Je ne suis pas pratiquante. Je ne crois pas que Dieu ait créé l'homme. Je pense que Dieu – comme dans toutes les traditions religieuses – est né de l'imaginaire humain, pour pallier les angoisses existentielles. Je fus néanmoins très attentive au déroulement de la cérémonie et m'apaisai rapidement. Les troubles disparurent. Seule demeura la douleur, âpre et dure, d'avoir perdu cette jeune amie. L'assemblée tout entière commençait un travail de deuil, tandis que le prêtre évoquait le voyage de la défunte vers le Paradis, la promesse de retrouvailles avec les survivants et la vie éternelle pour tous. Rite chrétien, dont l'appel à la sérénité et à l'espérance retentit avec autant de force et de persuasion que dans toute autre cérémonie ritualisée, qu'elle soit indienne, africaine, polynésienne ou aborigène d'Australie, et quelle que soit la divinité qui préside aux destinées.

Halloween, que l'on fête maintenant en Europe depuis plusieurs années, ne correspond-il pas à ce besoin profond qui existe en chaque être humain de conjurer l'angoisse de la mort, en donnant un sens à la vie ? Beaucoup ne voient dans cette fête importée des États-Unis qu'une opération commerciale à grande échelle. Est-ce si sûr ? J'y verrai plutôt une réponse à cette quête de sens que tout être humain cherche à donner à la mort.

LES RITES DE PURIFICATION OU RITES D'OBLATION

Ce sont les derniers soins donnés au disparu : toilette, habillement, présentation aux parents, amis et connaissances qui vont se recueillir autour de lui. Lorsque j'observe les familles s'occuper une dernière fois de leur mort, je me dis toujours qu'il s'agit là de manifestations d'amour et de tendresse auxquelles les survivants n'ont pas encore renoncé : « Il est si beau », « Regarde comme il a l'air reposé », « Il est enfin apaisé ». « On dirait qu'il dort », entend-on souvent dire. Ces expressions à double sens – puisqu'elles pourraient tout aussi bien désigner un vivant – traduisent les ultimes tentatives de déni de l'endeuillé. Un mort qui a belle apparence soulage la douleur du survivant. La fugitive impression d'une beauté retrouvée, d'un apaisement de tout le corps, aide à supporter la rupture. Ce sont les derniers préparatifs, les dernières attentions avant le grand départ. C'est la certitude que l'aimé qui vient de trépasser partira purifié et sera reçu dignement là où il arrivera. « Purifiez tous mes sens, écrivait Bossuet, afin que je vous sois présenté comme une oblation sainte et digne de vous. »

Ces soins permettent aussi de différer la souffrance en utilisant ce temps de rupture à mille occupations ; on oublie de penser à soi tout en se préparant au moment si éprouvant de la séparation définitive. La rigidité du corps, sa froidure, l'absence de réponse aux appels désespérés conduisent inexorablement à l'idée de la perte. Le travail de deuil s'élabore, lentement, durement, par le biais de ce rituel qui ménage un temps nécessaire au traumatisme de la rupture.

Autrefois, les veillées funèbres participaient de cette maturation. Un autre espace se créait autour du corps : prières, pleurs, échanges, mais parfois aussi rires à l'évocation des bons moments de la vie du disparu, principalement s'il était vieux et que sa vie avait été bien remplie. On buvait du vin et du café. Un nouveau temps était offert à la communauté, le temps du « laisser partir », le temps du « nous savons que tu es mort, mais s'il te plaît, ne t'en va pas si vite. Dans quelques heures, dans quelques jours, lorsque cela sera plus facile pour nous, nous te laisserons aller. » Dans cette tradition des veillées, c'est encore la culpabilité des survivants vis-à-vis des morts qui apparaît. La coutume a longtemps voulu que personne ne s'endorme dans la maison d'un mort, pour cette raison que la mort, ne s'étant pas éloignée, risquait de surprendre les dormeurs.

LES RITES DE SÉPARATION

La séparation est le moment le plus cruel et le plus éprouvant pour les survivants, celui où le mort leur est définitivement enlevé. Les employés funéraires ferment le cercueil qui est emporté soit à l'église, soit au cimetière s'il s'agit d'une cérémonie civile. Ces moments donnent lieu à des scènes déchirantes. Avoir pu garder le corps chez soi durant quelques jours permettait de ne pas affronter la réalité de la perte : « Je ne l'ai pas tout à fait perdu, puisque je peux le voir, le toucher, l'embrasser, revenir auprès de lui autant de fois que je le veux, le bercer, lui parler », disait une mère qui venait de perdre son fils. Fermer le cercueil fait disparaître à jamais le corps aux yeux des proches. Le moment est d'une brutalité inouïe car il donne à la mort – la séparation définitive sans espoir de retour – tout son sens. C'est l'instant où le corps, fragile enveloppe charnelle, retourne à la poussière, où l'âme prend son envol vers l'au-delà, symbolique puissante qui permet aux endeuillés de supporter l'insupportable, de tempérer leur douleur, d'espérer et de survivre. Le christianisme promet des retrouvailles au Paradis, les animistes dans le monde des ancêtres, tandis que les bouddhistes croient en des réincarnations successives. A la mort succède la vie. La douleur de la perte, l'angoisse y trouvent l'apaisement.

Il m'a souvent été donné de côtoyer des familles qui n'étaient pas pratiquantes, mais qui, venant de subir la perte d'un des leurs, retournaient à l'église, comme une preuve de la puissance de l'espérance. J'y vois moins la manifestation d'une foi religieuse que la nécessité de donner un sens à la perte qui les bouleverse. Le rite prend alors toute sa signification.

Je ne remets pas en cause la foi des croyants. Je la respecte d'autant plus que j'ai bien des fois observé la richesse et la force de toute recherche spirituelle. Je veux simplement souligner que la puissance des rites de deuil touche et apaise autant les non-pratiquants que les fidèles. L'exemple m'en a été donné lors des obsèques de cette jeune amie qui s'est tuée dans un accident de voiture. Mon fils aîné, qui est âgé de trente ans et qui l'a bien connue, a été profondément affecté par sa disparition. Or il a grandi sans éducation religieuse car je tenais à lui laisser toute liberté dans ce domaine. Ce drame était sa première expérience de deuil. Le lendemain des obsèques, il m'a confié qu'il avait puisé un réconfort considérable dans la cérémonie religieuse. Comme l'écrit Louis-Vincent Thomas, anthropologue et sociologue : « Le rite sécurise parce qu'il se situe hors du temps et qu'il est vécu comme moyen de maîtriser la durée. C'est en raison de ce pouvoir structurant et apaisant qu'on y recourt chaque fois que l'on bute sur une situation nouvelle et aléatoire[1]. »

Autre moment douloureux : la descente du cercueil dans la tombe, et la symbolique poignée de terre jetée par les survivants, qui scelle définitivement la rupture entre le monde des vivants et le monde des morts. C'est là que surgit dans toute sa réalité le « plus jamais » que les familles endeuillées ont tant de mal à intégrer.

LES RITES D'INTÉGRATION

Ces rites ont trait à la paix du mort autant qu'à celle des survivants. Il importe que l'âme du défunt, tandis

1. In J.-P. Bayard, *Le Sens caché des rites mortuaires*, préface de Louis-Vincent Thomas, éditions d'Angles, 1993.

que son corps se décompose en terre, trouve la paix dans l'au-delà, *s'y installe à jamais* pour ne pas revenir hanter les vivants. Nos folklores abondent en rituels destinés à éloigner définitivement le mort, à lui interdire toute possibilité de retour sur les lieux où il a vécu. Les prières, les messes, le renoncement aux loisirs, aux plaisirs de la vie, aux rires et aux chants, que l'on appelle rites de marge, sont autant d'intercessions des survivants pour que l'âme du mort trouve rapidement le chemin du Paradis et y repose en paix. « Tant que l'âme n'est pas fixée en Enfer ou en Paradis à titre définitif ou tant que subsiste un peu de vie autour d'un squelette terrestre, sa matérialisation se présente aux humains[1] », explique Marie-Frédérique Bacqué.

Un prêtre avec qui j'évoquais ce sujet se rappelait l'époque – il y a une trentaine d'années encore – où le quartier, la communauté, y compris les enfants, assistaient à l'agonie, accompagnaient le mort jusqu'au cimetière, puis épaulaient sa famille dans la période de deuil qui suivait. C'était le temps où les gens communiquaient ; malgré les disputes et les rancœurs, le groupe se ressoudait dès lors qu'il était en danger. Car la mort représente un traumatisme d'une violence extrême pour toute société. Elle renvoie invariablement chacun à sa propre fin, à ses propres deuils, faits ou non faits. La fuir, éviter de se confronter à la souffrance des survivants, est une attitude devenue habituelle ces dernières décennies. Accepter de vivre avec l'idée que nous

1. Marie-Frédérique Bacqué, *Mourir aujourd'hui, les nouveaux rites funéraires*, Opus, 1997.

mourrons un jour, c'est préparer notre propre fin de vie. C'est aussi participer à la vie et à la mort de nos amis, de nos voisins, de ceux qu'un accident ou un suicide vient de frapper durement. C'est s'impliquer et apprendre à nos enfants cette alternative primordiale de la vie et de la mort. C'est aussi leur transmettre l'espérance qui permet de bien préparer sa fin de vie. Car, me disait ce prêtre, les jeunes qui ne sont pas familiarisés avec la mort vivent des traumatismes très éprouvants lorsque l'un des leurs disparaît. Il n'y a pas si longtemps encore, la mort était apprivoisée.

Comme le baptême, la communion, le mariage, les funérailles sont un rite de passage. Les veillées, autrefois, s'étalaient sur deux ou trois nuits ; hommes et femmes y participaient et priaient autour du défunt pour demander le pardon de ses fautes et implorer paix et miséricorde. Le temps de la purification commençait. A l'entrée de chaque village se dressait un calvaire ou une niche abritant une statue de la Vierge. Lorsque le décès avait lieu en campagne, dans un hameau ou un lieu-dit, le cercueil était apporté par des hommes étrangers à la famille ou au pas d'un cheval jusqu'à l'un de ces lieux où le prêtre et les enfants de chœur s'étaient avancés à leur rencontre. Le porteur de croix se plaçait en tête du cortège qui cheminait jusqu'à l'église en chantant le *Miserere*. La condition sociale du disparu était facilement identifiable à la grandeur du catafalque et à la décoration du chœur. Plus la famille était riche, plus la cérémonie était belle. Durant l'office des morts, le prêtre récitait une prière implorant le don des larmes – également réclamé à Dieu lors des cérémonies festives. Permettre au corps d'exprimer sa joie ou sa souffrance à travers les pleurs est d'une importance capitale. Puis le cortège repartait à pied pour le cimetière ; les fidèles chantaient le *Benedictus.* Au moment de la mise en terre, bien souvent, les proches se trouvaient au bord de l'évanouissement. Mais, ajoute le prêtre, si la messe avait été bien dite, ils repartaient en paix, réconfortés par cet adieu collectif et par l'espérance qui les soutenait. Un « repas des morts » suivait l'enterrement. Équivalent funèbre du repas de baptême et du repas de noces, il symbolisait l'union des survivants dans le chagrin et la continuité de la vie. Le groupe qui venait de perdre l'un des siens se ressoudait autour des agapes. Le travail de deuil s'élaborait, non pas isolé et solitaire, mais solidement encadré par un rituel qui allait durer de longs mois. Messes anniversaires – de huitaine, mensuelle, annuelle –, port de vêtements noirs désignaient la personne en deuil à la collectivité.

Lorsque j'étais enfant, le grand deuil pouvait durer d'une à cinq années, selon que l'on perdait un conjoint, un enfant ou un parent. Durant cette période, les femmes étaient entièrement vêtues de noir. « Lorsque arrivait la quarantaine et que nous commencions à perdre nos parents, pour peu qu'un oncle ou une tante mourût en même temps, cela nous faisait dix ans de noir ! », s'exclamait une amie en se remémorant cette époque. Longtemps les hommes portèrent un brassard puis un crêpe au revers de leur veste.

Durant cette première année de grand deuil, nul plaisir, nulle sortie n'était permis. Ni bal, ni cinéma, ni fête d'aucune sorte. On repoussait les dates des mariages. Puis venaient six mois de deuil, durant lesquels les femmes pouvaient mettre des bas gris ou couleur chair sous leurs vêtements noirs. Suivaient six mois de demi-deuil ou de « petit deuil », comme je l'entendais dire alors. La couleur des vêtements s'éclaircissait, elle passait du noir au gris, puis au gris clair.

Bien que le travail de deuil se quantifie difficilement dans le temps, les spécialistes considèrent qu'une période de deux ans environ est nécessaire aux survivants pour « réinvestir » dans une nouvelle vie. Ils rejoignent ainsi le temps conféré par les rituels. C'est aussi le temps de l'intégration. Le défunt, grâce aux sacrifices et aux prières des vivants, a définitivement rejoint le monde des morts et y a trouvé la paix. La douleur des vivants s'est apaisée. Elle a fait place à une tristesse supportable, à la nostalgie, au souvenir. Ils peuvent envisager leur nouvelle vie après avoir refermé définitivement la porte sur une histoire qui a cessé d'être.

Il faut souligner ici l'importance des rites de *rachat*. La culpabilité des survivants les incite à offrir un enterrement digne de ce nom au défunt ; en *rachetant symboliquement* ce qu'ils considèrent comme des fautes dans leur passé commun avec le disparu, ils apaisent leur douleur et assurent sa paix en même temps que la leur. « La fonction communielle est une thérapeutique souveraine[1] », fait remarquer Louis-Vincent Thomas, en regrettant le temps où tous les membres de la communauté se mobilisaient autour du mort et de sa famille pour accompagner l'un dans son voyage vers l'au-delà, l'autre dans sa douleur. Le groupe social, ébranlé par la

1. L.-V. Thomas, in J.-P. Bayard, *op. cit.*

rupture de la mort, en ressortait fortement régénéré. Les obsèques dans la plus stricte intimité ne permettent plus cette dynamique dans laquelle les survivants puisent de nouvelles forces de vie.

L'espérance, enfin, se nourrit de la promesse de survie. Cette foi n'est pas forcément métaphysique, souligne Louis-Vincent Thomas. Elle peut procéder d'une recherche personnelle : « Le besoin d'espérer (d'annuler sa mort) est si fortement enraciné dans la conscience que le commun des mortels parvient toujours à se bricoler quelques substituts de survie, même en marge de la foi chrétienne : dans l'Un-tout, dans les traces matérielles, dans la mémoire collective[1]. »

1. *Ibid.*

2

LE DEUIL DES MORTS SYMBOLIQUES

> *« Et puis nous autres sottement craignons une espèce de mort, là où nous en avons déjà dépassé et en passons tant d'autres... La fleur d'âge se meurt et passe quand la vieillesse survient, et la jeunesse se termine en fleur d'âge d'homme fait, l'enfance en la jeunesse, et le premier âge meurt en l'enfance et le jour d'hier meurt en celui du jourd'hui et le jourd'hui mourra en celui de demain ; et n'y a rien qui demeure ni qui soit toujours un. »*
>
> (Montaigne, *Essais*, livre II.)

Notre vie est une succession de morts symboliques qui nous aident – et nous forcent – à grandir. La plupart du temps, ces pertes sont ritualisées et font l'objet de fêtes. Elles sont plus éprouvantes chez les peuples animistes comme les Indiens d'Amérique et les Africains, par exemple, et exigent de l'impétrant courage, ténacité et volonté. Perdre son statut d'adolescent pour revendiquer l'âge d'homme relève d'une véritable initiation qui, parfois, revêt la forme d'une épreuve où le risque mortel est réel. Il n'en est pas de même dans nos cultures.

Dès sa naissance, alors qu'il passe de l'état de fœtus à celui de petit d'homme – ce qui constitue un premier deuil –, l'enfant est fêté : baptême, circoncision, confirmation, communion et plus tard mariage sont autant de rites festifs qui jalonnent l'enfance et la jeunesse jusqu'à l'âge adulte. Franchir chacun de ces passages d'une période de la vie à une autre dans la joie et la fierté ne peut être que gratifiant. Le deuil du statut précédent se fait sans difficulté. D'autres deuils sont plus douloureux, comme le sevrage, les premières séparations d'avec la mère, la naissance d'un frère ou d'une sœur, l'entrée à l'école, qui closent le temps de la prime enfance. Une mère attentive accompagne ces pertes tout en veillant à ce que son enfant n'en soit pas trop perturbé. Tel est l'apprentissage de la vie, avec ses ruptures et ses pertes.

Il est cependant des morts symboliques beaucoup plus prégnantes qui s'accompagnent de deuils. La souffrance y traverse des phases de douleur extrême, de perte des repères, de dépression, dont les conséquences peuvent se faire sentir tout au long d'une vie.

La psychologie, ces vingt dernières années, s'est imposée au grand public. Les jeunes parents sont informés des méthodes d'éducation modernes ; les médias sont devenus d'excellents relais pédagogiques. Dans la famille, l'aîné n'est plus l'insupportable jaloux dont on combat, avec le soutien de la morale et la religion, la frustration d'être relégué au second plan, avec force reproches et punitions. Au contraire, on lui reconnaît son statut d'enfant parmi les enfants, et sa place lui est tout entière conservée. Il n'y a pas si longtemps encore, l'enfant ne tenait pas de rôle prépondérant dans notre société, pas plus que l'aîné n'était considéré dans certaines familles. Tout juste admis, il n'était nullement installé dans ses droits, et encore moins aimé. Que de deuils à faire !...

FRANÇOISE OU LES DEUILS DIFFICILES D'UNE AÎNÉE

Françoise est ma plus vieille amie. Presque une sœur. Elle aborde la soixantaine et nos discussions autour de cet ouvrage sur le deuil sont abondantes et fertiles. J'ai tenté, avec son accord, de retracer moi-même son histoire d'aînée d'une famille de cinq enfants, avant d'y renoncer. Chaque deuil est un parcours si intime, si personnel, qu'il est difficile de trouver le mot juste pour en traduire l'excessive souffrance. Je préfère donc lui laisser la parole :

« Je suis une enfant de la guerre, ce temps de larmes et de mort, de peurs et de luttes, où les enfants n'étaient pas forcément les bienvenus. Mais, à l'époque, on n'avortait pas ou avec trop de risques pour que l'aventure fût tentée ! Mes parents, qui étaient recherchés par les Allemands, eurent la chance de leur échapper ; ils entrèrent de plain-pied et fort heureux d'avoir survécu dans les années du baby-boom. La vie reprenait ses droits, c'était bien normal. Les enfants se succédèrent, un par an. Nous fûmes cinq. J'étais arrivée en tête du peloton, assumant le rôle glorieux d'aînée ! C'était le temps des lessiveuses, des planchers cirés et des bains dans un baquet hissé sur deux chaises, devant le fourneau de la cuisine. Dure époque pour les femmes, surtout lorsqu'elles n'étaient pas préparées à assumer une famille nombreuse. Ma mère était de santé fragile. Elle n'avait pas été élevée pour trimer, encore moins pour faire preuve d'une quelconque autorité. Mon père, lui, revendiquait âprement son épouse et ne concédait que peu de place à la mère de famille. Je fus donc toute désignée, dès mon plus jeune âge, pour assumer la tribu turbulente et débordante de mes frères et sœurs.

» Les ordres de mon père pleuvaient comme des coups : "Surveille les petits ! Range leurs jouets ! Lace les souliers de ton frère ! Va promener tes sœurs !" Ils devenaient plus angoissants lorsqu'il y avait danger : "Qu'ils ne se noient pas dans la rivière ! Qu'ils ne se fassent pas écraser ! Qu'ils ne s'étouffent pas avec les billes ! Qu'ils ne tombent pas par la fenêtre !" Les injonctions de ma mère s'appuyaient sur cet amour que je lui portais, d'autant plus jaloux et exigeant que je m'en croyais lésée : "Tu es ma grande, toi, alors cède et donne-lui ton jouet ! Sois raisonnable, voyons, cesse de te disputer avec eux. Console-le, cela m'épuise de l'entendre pleurer." Cette responsabilité dont mon père me chargeait m'obligeait à vivre dans la peur d'un drame. Les appels à la raison de ma mère me reléguaient au dernier plan car il me fallait toujours céder au désir des plus petits.

» Je n'ai jamais existé en tant qu'être de désir, de plaisir. J'en veux pour exemple ce projet que firent un jour mes parents de nous voir, ma sœur et moi, jouer ensemble comme deux petites filles aimantes ; ce n'était pas le cas, trop d'agressivité bouillonnait entre nous. Ils n'en ignoraient rien, mais refusaient farouchement cette animosité qui les dérangeait. Pis : ils nous contraignaient à agir comme si elle n'existait pas. Ce Noël-là, ma sœur eut un landau et j'eus la poupée. Jouer avec une poupée, c'est possible, mais pousser un landau vide ! Il arriva ce qui devait arriver, ma sœur pleura, exigeant la poupée. Et l'on m'obligea à céder : "Couche donc ta poupée dans la voiture, me dit mon père. Et joue avec ta sœur." Deuil d'un cadeau de Noël en même temps que deuil de parents équitables et protecteurs. Deuil de mes désirs, de mon droit à une existence que nul ne m'aurait disputée.

» Mon enfance se bâtissait sur ces renoncements. La jalousie, la colère, la révolte n'étaient pas tolérées à cette époque. Cela faisait désordre, c'était honteux ! La morale et la religion y veillaient autant que des parents désireux de voir grandir des enfants dont ils étaient fiers. J'étais donc qualifiée de mauvaise, de méchante, d'indocile chaque fois qu'il m'arrivait de revendiquer mon dû.

» Je m'attirais de surcroît les représailles de mes frères et sœurs en m'imposant comme adulte, alors que j'étais une enfant comme eux. Ah ! comme nous nous sommes haïs… Un jour, j'ai vu ma trottinette se fracasser dans la cour, deux étages plus bas. Une autre fois, mon frère et ma sœur s'acharnèrent sur ma poupée et l'écartelèrent avec force cris et rires. Bizarrement, leurs "exploits" avaient moins d'importance que les miens lorsque je me rebiffais. Eux étaient petits ; moi, je devais "donner l'exemple". Et je ne parle pas des accusations et des dénonciations. Un enfant, surtout dans une telle famille, a toujours quelque chose à se reprocher !

» Le plus dur était ma relation avec ma mère. Que n'aurais-je fait pour qu'elle m'aimât ! Je devançais ses désirs, j'abondais dans son sens, je devenais complice de ses lassitudes et de ses exigences. J'y trouvais quelques compensations. J'étais *sa grande, sa raisonnable,* celle qui la comprenait et la soutenait dans son rôle harassant de mère.

» Le pire arrivait lorsque mes parents, n'ayant plus besoin de mon aide – cela arrivait parfois –, me reléguaient brutalement dans un rôle d'enfant. Je finis par ne plus rien désirer. Je conserve avec beaucoup d'amertume le souvenir de ces deuils permanents qu'il me fallut bien supporter, puisque j'étais vivante ! A travers cette enfance volée, j'ai dû vivre alternativement le deuil de la fillette que j'aurais pu être et celui de l'aînée précocement mûrie, angoissée et malheureuse qu'ils exigeaient, mais qu'ils ne reconnaissaient que lorsque cela les arrangeait. Ma vie d'adulte s'en ressent encore. Lorsque je me retrouve au milieu d'amis qui s'amusent, je cherche toujours une corvée à accomplir, un rôle à tenir. Je suis incapable de me détendre, de me distraire. Seul le bien-être des autres m'importe. Finalement, je n'existe que dans ce deuil permanent de moi-même. Cela peut paraître aberrant, mais c'est ainsi que j'ai survécu. »

Françoise sourit, pensive. Elle sait qu'il est des deuils dont on ne se remet jamais.

Son cas n'est pas rare. Il m'arrive assez souvent, au cours de discussions entre hommes et femmes de ma génération, aînés de leur famille, d'entendre ce genre de plaintes. Quelque cinquante ans plus tard, ils se sentent toujours mal-aimés, et c'est avec des intonations, des raisonnements d'enfant qu'ils analysent leurs relations avec leurs parents et leurs frères et sœurs qui ont, eux aussi, vieilli. Les moues, la voix qui se casse témoignent de blessures qui ne se sont pas refermées. Ce ne sont pas des adultes qui s'expriment, mais *l'aîné* qui existe toujours en eux, dont on a occulté l'enfance. Les regrets, les ressentiments, la douleur affleurent dans un discours – une sorte de plainte ininterrompue – d'autant plus pathétique qu'il sort de la bouche d'hommes et de femmes que l'on verrait plutôt aborder l'âge mûr avec sérénité.

Pour que les deuils, au sein d'une fratrie, ne soient pas traumatisants, il importe que chaque enfant y bénéficie d'un statut défini, reconnu, et que chaque enfant, qu'il soit l'aîné ou le cadet, soit constamment conforté dans l'amour de ses parents.

Nul ne fait jamais le deuil de son enfance, s'il n'a pas existé aux yeux de ses parents.

L'enfance et l'adolescence sont d'intenses périodes de deuil, par lesquelles, à chaque instant, l'être humain se construit et se reconstruit : « Il y a toujours un enfant à tuer, un deuil à faire[1] », écrit Serge Leclaire, psychanalyste. Casser l'un de ses jouets, perdre son chat, dire adieu au copain ou à la copine qui déménage, quitter son instituteur ou son institutrice pour rentrer à la grande école sont autant de pertes normales, quoique difficiles à assumer. Les psychologues insistent sur la nécessité de les vivre et encouragent les parents à ne pas remplacer trop vite l'objet de la perte – en l'occurrence un jouet cassé, égaré, ou un petit chat mort – pour que l'apprentissage du deuil se fasse. C'est dans la relation d'aide avec l'adulte que l'enfant et l'adolescent

1. Serge Leclaire, *On tue un enfant*, Le Seuil, 1981.

trouveront la force nécessaire d'affronter ces deuils et de les dépasser.

LES DEUILS IMPOSSIBLES DE L'ENFANT MALTRAITÉ

A la fin des années 70, j'ai assisté à une réunion sur la maltraitance. La conférencière a débuté son exposé par une question : « Dans quels milieux les enfants sont-ils le plus exposés aux mauvais traitements ? Je vais vous étonner : c'est dans les milieux aisés que nous sont signalés la majorité de ces cas. » Si nos parents avaient vécu d'amour et d'eau fraîche, poursuivit-elle, ce temps était révolu ; les jeunes mariés des années 75 se préoccupaient plus de leur environnement matériel que de passion amoureuse. Ainsi programmaient-ils à l'année et au centime l'achat de leur voiture, de leur appartement, de leurs meubles, de l'animal familier qui leur tiendrait compagnie et, éventuellement, du pied-à-terre à la campagne. Ce cadre de vie posé, ils rêvaient d'un enfant et, de même qu'ils avaient choisi la taille de l'appartement, la couleur de la voiture et le sexe du chien, ils brossaient un portrait précis de leur progéniture. Tout le monde sait, aujourd'hui, que la plupart des parents projettent leurs désirs sur leurs enfants et que leur avenir commun dépendra de la manière dont l'enfant saura pallier ces projections, ou de l'éventuel renoncement des parents.

L'un des enseignements les plus importants que nous ait laissé Françoise Dolto est le suivant : une fois l'enfant né, il n'appartient plus qu'*à lui-même* ; le rôle des parents consiste uniquement à l'assister dans son cheminement vers l'âge adulte. Dans le cas évoqué par la conférencière, et qui n'est qu'un exemple parmi ceux de l'enfance maltraitée, ces enfants étaient relégués au rang de choses, simples objets issus de l'imaginaire des parents. Les désirs de maltraitance prenaient racine dans la déception puis la frustration de voir grandir ce petit être si différent de celui désiré – et même programmé dans ce cas précis. Il ne s'agit pas d'évoquer la difficulté, pour ces parents, de faire le deuil de l'enfant idéalisé, mais plutôt de dénoncer les traumatismes auxquels l'enfant maltraité se trouvait confronté. Il ne me paraît pas excessif de parler de tentative de meurtre chaque fois qu'un enfant est violenté ; en effet, aucun enfant ne sort jamais indemne d'affrontements où son intégrité physique et psychique est menacée. Chez l'enfant maltraité, les pertes se succèdent avant même que toute reconstruction soit possible : perte d'identité, perte de l'image narcissique, perte de l'image et de l'amour du parent maltraitant, perte des repères les plus élémentaires – amour, confiance en soi, dans l'adulte et dans la société –, pertes de ses propres projections dans l'avenir, perte du sentiment d'invulnérabilité. A cela s'ajoute la perte de l'amour de soi, l'enfant se jugeant responsable de la violence dont il est victime. Il protège ses parents, s'enfermant dans le déni, refusant que son histoire, si insupportable soit-elle, ne devienne réalité à travers la parole. Confronté à une dislocation permanente de son intégrité, il se trouve dans l'impossibilité de se structurer. Il meurt de rêve en rêve, de désir en désir, d'illusion en illusion, de projet en projet, d'âge en âge. Il est en deuil permanent de lui-même.

ROBERT N. OU LES NOMBREUX DEUILS LIÉS À LA PERTE D'EMPLOI

L'épouse de Robert N. était l'une de mes stagiaires. Elle était en pleine reconversion professionnelle, parcours réussi puisqu'elle venait de retrouver un emploi. Bien différente était la situation de son mari. Cadre d'une grande entreprise, il avait été licencié quelques mois plus tôt et éprouvait de sérieuses difficultés à retrouver du travail. Faire le deuil d'une entreprise à laquelle on s'est dévoué si longtemps est une épreuve redoutable. Au souci de la perte de ressources qui permettent à une famille d'assurer son train de vie s'ajoutent mille soucis auxquels la personne licenciée ne trouve aucune réponse : « En quoi ai-je failli pour que l'on se débarrasse de moi ? Pourquoi moi, pourquoi pas un autre ? Pourquoi n'a-t-on pas reconnu le travail accompli, ni tenu compte de mon dévouement et de mes capacités ? Comment ont-ils pu oublier tout ce que j'ai apporté au développement de l'entreprise ? Ai-je si peu compté, à leurs yeux, après tant d'années, pour qu'ils ne se préoccupent pas de ce que je vais devenir ? M'appréciaient-ils, m'aimaient-ils si peu pour m'avoir "jeté" comme ils l'ont fait ? » La relation avec le père patron ou la maison mère joue un rôle important au plan de l'inconscient. Quelle déchirure ancienne ce renvoi ravive-t-il ? Des équipes existent qui aident les licenciés à entamer le travail de deuil de l'entreprise perdue. Est-ce suffisant dans une société où le marché de l'emploi est saturé, où le chercheur d'emploi n'est parfois plus au début de sa carrière et où les règles les plus élémentaires d'éthique et d'humanisme sont bafouées ?

J'ai fini par rencontrer Robert N., à la demande de son épouse, qui craignait pour sa santé. Je me suis retrouvée devant un homme vieilli, dépressif, qui avait perdu toute prestance et qui ne parvenait plus à se définir par rapport au cadre énergique et prospère qu'il avait été. Sans situation, il ne se reconnaissait plus le droit d'exister, ni à ses yeux, ni à ceux de sa famille. Son désarroi était si grand qu'il passa une bonne demi-heure à comparer la maison modeste qu'il habitait désormais à celles qu'il avait pu offrir aux siens lorsqu'il travaillait encore. Sa blessure était si douloureuse qu'il me fut impossible de lui montrer le peu d'importance des biens matériels. En fait, en s'excusant de cette demeure si peu conforme à ses souhaits, c'est son difficile deuil de père, d'époux, d'homme social qu'il évoquait. Il ne cessait de répéter qu'il n'était plus rien. A cette sensation déstructurante s'ajoutait le fait que son épouse avait dû reprendre le travail, ce qu'il avait toujours refusé, considérant que ce rôle lui incombait.

D'autres pertes se greffaient sur cette souffrance, bien connues des demandeurs d'emploi : les trop rares réponses à de multiples candidatures, les attentes téléphoniques stressantes et qui n'aboutissent jamais, les voyages à travers la France, suivis de vagues promesses d'embauche qui sont comme un ballon d'oxygène jusqu'à l'arrivée de la réponse négative. Autant de deuils à surmonter dans l'indifférence générale. Pour Robert, la sensation de n'être « plus rien » devenait insupportable. Ses repères se brouillaient, tout comme l'image de ces hommes et de ces femmes dont on avait apprécié les qualités et le savoir-faire et qui, tout à coup, devenaient inexistants. Chaque fois que je me trouve devant ces chercheurs d'emploi en errance, c'est l'image d'un meurtre qui me vient. Quel travail de deuil entreprendre lorsque cette perte se répète à l'infini ? La mort symbolique de l'homme social risque parfois de le mener à la mort tout court. C'est ce que nous avons longtemps redouté pour Robert…

Le deuil des mutilés de la Grande Guerre

L'univers de mon enfance fut peuplé de ces hommes que la Première Guerre mondiale avait atrocement blessés. On les appelait les mutilés de guerre. Une place leur était réservée dans les transports en commun, une loterie nationale fut consacrée, même créée à leur profit que l'on appela la « loterie des gueules cassées ». Longtemps, on a pu lire sur la vitre arrière des voitures « GIG », trois lettres qui signifiaient « grand invalide de guerre ». Je me rappelle bien ces hommes avec leur pilon, leur jambe de bois ou leur avant-bras manquant. D'autres remontaient lentement le long des trottoirs, penchés en arrière : ils avaient été blessés à la colonne vertébrale. D'autres encore demeuraient cloîtrés chez eux : la moitié de leur visage avait été arrachée par des projectiles. Longtemps, ils ont fait partie du paysage familier de notre vie quotidienne ; ils y inspiraient tant de respect et d'attentions qu'ils survivaient sans trop de peine au sein d'une société qui érigea leur sacrifice en deuil national.

Et quels deuils pour ces hommes partis la fleur au fusil ! Deuil d'une jeunesse forte et ambitieuse, deuil d'un avenir occulté par un handicap irréversible, deuil de leurs rêves, de ces hommes qu'ils auraient pu devenir et qu'ils ne seraient jamais. Quel espace réserver, entre passé nostalgique et avenir incertain, pour qu'existe, sans trop de souffrance, l'homme mutilé aux espoirs perdus ? Quelle place pour la nouvelle image, méconnaissable, presque honteuse dans le regard des autres, pour ce corps toujours vivant qu'une guerre absurde a rendu indocile ?

La majorité de ces hommes étaient d'origine paysanne ou ouvrière. En mutilant leur corps, la guerre les avait amputés de leur capacité à travailler la terre ou à s'embaucher dans les usines. La chirurgie balbutiait à l'époque, et il ne me semble pas outrancier de penser que ces hommes ont passé le reste de leur vie à faire le deuil d'une partie d'eux-mêmes.

Point n'était nécessaire, cependant, que ces anciens poilus fussent mutilés pour mesurer les pertes subies sous la mitraille. Un vieil homme de quatre-vingts ans m'a raconté un jour qu'il n'avait jamais plus dormi sans faire de cauchemar et que, chaque nuit, durant soixante ans, il avait revécu l'épouvante des tranchées, l'agonie puis la mort de ses camarades déchiquetés. Deuils impossibles à faire, traumatismes inscrits de manière indélébile dans la vie de ces survivants et qui les empêchèrent, jusqu'à leur propre mort, de retrouver la sérénité.

J'ai eu l'occasion, lorsque j'enseignais encore, de connaître une expérience similaire. L'une de nos stagiaires, Christiane, formée au métier de l'aide à domicile, effectuait un stage pratique auprès d'un homme d'une quarantaine d'années qui, à la suite d'un accident de parapente, s'était retrouvé handicapé à vie. A chacun de ses retours au centre de formation, elle nous exposait les difficultés rencontrées dans l'accomplissement de ce deuil compliqué. Très bel homme, sportif, dynamique, ambitieux, ce monsieur était habitué à mener sa vie de célibataire tambour battant. Immobilisé depuis son accident dans un fauteuil roulant, dépendant jusque dans ses fonctions les plus intimes, il vivait ce nouvel état dans une rage permanente et passait son temps à agresser son entourage. Christiane comprit qu'il manifestait ainsi sa souffrance. Elle apprit à écouter attentivement ses plaintes, ses reproches, ses méchancetés, et à les reformuler sans animosité. Elle évita ainsi de se laisser entraîner dans un jeu qui aurait perverti leur relation et aurait empêché le deuil de se faire.

Christiane nous raconta un jour qu'il exigeait qu'elle quittât son service après l'heure, arguant de sa solitude, de sa dépendance, et bien que son père s'occupât de lui en dehors de ses horaires de travail. Comment résister à une personne qui souffre ? Comment ne pas céder à l'affreuse impression de la blesser plus profondément en refusant d'accéder à ses désirs ? Il est pourtant nécessaire d'établir des points de repère fiables, de définir un cadre dans lequel doivent évoluer les deux « partenaires ». Toute la difficulté de la relation d'aide, pour qu'elle demeure constructive et efficace, repose là. Nous en avons beaucoup discuté avec Christiane, qui avait commencé par accéder à ces demandes. Cet homme avait une histoire à vivre, la sienne, et un deuil à faire, le sien. Ses tentatives ne pouvaient que retarder une évolution que tous souhaitaient positive et entraîner Christiane dans une relation dont elle ne se serait dépêtrée que très difficilement. Lui-même s'y serait enlisé, dédaignant la nouvelle vie qu'il aurait pu se forger malgré son handicap, alors qu'il en avait la force et la volonté. S'installer dans la dépendance, pour cet homme, revenait à regretter sans fin son passé, à subir son avenir et à désigner, autour de lui, les responsables de son malheur. L'obliger à réagir devait lui permettre de débuter un lent et difficile travail de deuil.

LE DEUIL IMPOSSIBLE DES ENFANTS NÉS SOUS X.
KARINE ET LE DEUIL D'UN FANTÔME

Le sort des enfants nés sous X m'a toujours bouleversée. Je n'ai jamais compris ce qui pouvait pousser des mères à abandonner leur enfant définitivement. J'admets encore moins que notre société progressiste, adepte des droits de l'homme, signataire de la Charte des droits de l'enfant, soit la complice fidèle et intraitable de cette abomination. J'ai rencontré Karine, une jeune femme née sous X au milieu des années 70, époque à laquelle je ne m'intéressais pas encore à la fin de vie et au travail de deuil. Je n'ai pas oublié la souffrance, manifestée par Karine au cours de notre entretien, d'ignorer qui était sa mère. Je mesure aujourd'hui toute la cruauté de l'héritage laissé à ces enfants : le deuil douloureux, lancinant, sans cesse réactivé d'une mère qu'ils ne connaîtront jamais.

Les contes de fées foisonnent de ces histoires où les parents, pauvres ou méchants, abandonnent leur progéniture. Mais le conteur, comme l'a si bien fait remarquer Bruno Bettelheim, préserve toujours une fin heureuse à l'histoire, si dramatique soit-elle : les enfants retrouvent leurs parents et tout le monde finit par vivre ensemble, longtemps et très heureux. C'est une tout autre réalité, abrupte, insoutenable, sans espoir aucun, que vivent les enfants nés sous X. Je reprends mes notes pour donner la parole à Karine :

« J'erre dans ma vie comme sur un chemin sans balises. Personne ne répond à mes demandes de savoir qui était ma mère. C'est comme si, moi aussi, je n'existais pas. Car elle n'existe pas, ELLE ! Du moins pas pour moi ! Comment renoncer à quelqu'un qui n'existe pas ? Je l'aurais préférée bien vivante, présente, même haineuse. Au moins, j'aurais su qui aimer ou qui tuer dans ma tête. Là, je poursuis une ombre, un ectoplasme, un fantôme. J'ai refait mille fois le même cauchemar : je me noie dans une eau glauque. Je m'enfonce, je m'enfonce et je lance mes deux mains en avant, dans l'espoir désespéré d'agripper quelque chose. Il n'y a rien. Rien, vous m'entendez ! Comment être la fille de RIEN ? Je ne peux ni l'aimer, ni la haïr, ni la regretter, ni l'insulter. Lorsque je me regarde dans une glace et que je l'imagine, derrière moi, je vois le vide. Le grand VIDE ! Pourquoi m'a-t-elle si peu aimée ? Comment a-t-elle pu m'oublier ? Peut-on ne jamais exister aux yeux d'une mère ? Pas même l'espoir d'une seconde, cette toute petite seconde qui lui ferait regretter son geste et me retrouver. Oh ! je ne lui demande pas de venir vivre avec moi, non ! Je lui demande simplement de se montrer, un instant, un tout petit instant. Pour l'oublier plus facilement, après, puisque ce fut son choix. Au moins, je saurais QUI oublier. Mais comment faire un trait sur quelqu'un que je n'ai jamais vu, jamais entendu ? "Née sous X", c'est tout ce que je sais d'elle, c'est-à-dire rien. Et moi aussi, je suis une Née Souziks [elle articule en pleurant]. Une rien du tout, quoi ! Une sans nom, une sans rêve, une sans amour, une sans ventre, car ma mère n'a pas eu de ventre pour me faire cela ! Et les autres, les administratifs de la DASS, ceux qui se font complices de cet abandon ! Ah ! leur côté faux-cul, bien-pensant ! Comme ils ont le sens du devoir lorsqu'il s'agit d'assassiner, en douceur, lentement, sûrement ! Car ne pas savoir me fait mourir chaque jour. J'ai l'impression d'être privée de tête. Mon corps se meut, vivote, mais sans tête. Or c'est la tête qui mène tout, n'est ce pas ? Eh bien ! moi, je n'ai pas de tête. Pas de beaux sentiments, pas de rêves, pas d'espérance. Comment peut-on savoir où l'on va alors qu'on ignore d'où l'on vient ? »

Même si elle n'a jamais prononcé le mot, Karine a bien défini sa difficulté à entreprendre le travail de deuil de cette mère qui l'a abandonnée et qu'elle ne connaît pas. Comme elle le dit très justement, peut-on faire le deuil du vide, du rien, d'un fantôme ? Elle a perdu l'être qui lui a donné la vie sans l'avoir jamais rencontré. Elle ne peut donc ni l'aimer, ni le haïr, ni le regretter dans sa réalité. Elle n'en a aucun souvenir. Tout se passe, en elle, au niveau du fantasme, ce qui rend le travail de deuil impossible. Le cas des enfants nés sous X est tragique et la façon dont il est traité barbare. Si l'on ne peut empêcher une mère d'abandonner son enfant, cet enfant conserve un droit sacré sur ses origines et il convient de l'accompagner, dans ce parcours douloureux qu'il entreprend, avec beaucoup d'amour. Son identité établie, il pourra se structurer normalement, entamer un travail de deuil, grandir et vivre sa vie d'adulte sans cette souffrance intolérable si bien traduite par Karine.

Les morts symboliques peuvent entraîner de sérieux traumatismes et leur deuil présenter des difficultés non négligeables. Il n'est pas rare de rencontrer des hommes et des femmes qui doivent en supporter les conséquences tout au long de leur vie. Nous aurions tort de croire que, n'ayant pas affronté de perte réelle, leur souffrance est moindre. Les réactions à la perte et le travail de deuil, qu'ils concernent la disparition d'un être cher ou une perte symbolique, sont identiques. Prostration, souffrance, révolte et dépression empruntent les mêmes voies, sans que le réinvestissement soit assuré.

Chaque être est porteur d'une histoire. Tout deuil, expérience difficile et traumatique, est lié à cette histoire. La souffrance ne se mesure ni ne se quantifie. Il convient de l'accompagner, non pas en fonction de règles préétablies, mais de la fragilité de chacun, et avec beaucoup d'humilité. Certains endeuillés trouveront en eux les ressources nécessaires pour mener leur nouvelle vie. D'autres demeureront blessés par des deuils impossibles à faire.

Mon parrain était un pharmacien d'une cinquantaine d'années, d'apparence puissante et solide. Pendant les épreuves du baccalauréat, je fus amenée à vivre durant quelques jours chez lui, à Metz. Un soir que je révisais *Andromaque,* il se pencha sur mon épaule : « Foutaises ! », s'exclama-t-il avec un rire grinçant. « Foutaises !

Je me demande comment on peut vous faire perdre votre temps avec des âneries pareilles. » J'étais trop jeune pour prendre toute la portée de sa blessure ; quant à moi, la beauté du rôle d'Andromaque défendant la vie menacée de son fils me séduisait. J'essayai de le lui faire comprendre, mais je me heurtai à une amertume, une rancœur, une haine insoupçonnées. J'appris par la suite que la mère de mon parrain, durant toute son enfance, lui avait préféré son frère. Lorsqu'elle était morte, il avait refusé d'assister à ses obsèques. Il ne savait même pas où se trouvait sa tombe. Il m'est plus aisé, aujourd'hui, de comprendre quelle blessure elle lui avait infligée et d'en comprendre les pénibles conséquences.

Certains traumatismes liés aux morts symboliques dont le deuil n'a pas été fait handicapent sérieusement la vie de ceux qu'ils ont frappés : perte de confiance en soi et dans les autres ; impossibilité d'entreprendre sans anxiété excessive ; échecs répétés ; pessimisme latent ; peur de vivre contagieuse. Lorsque arrive le temps des deuils réels, ces personnes ne sont pas prêtes à les affronter. L'épreuve leur paraît souvent insurmontable, tant ils ont l'impression de vivre et de revivre des pertes insupportables. Il convient de développer autour de ces hommes, de ces femmes et de ces enfants en souffrance une relation d'aide susceptible de leur permettre de tirer un trait sur leur passé douloureux et d'entreprendre, le moment venu, un véritable travail de deuil.

3

LE TRAVAIL DE DEUIL

« Laissez les morts ensevelir leurs morts. »

(Luc, IX, 59-60.)

C'est à Freud que nous devons la notion de « travail de deuil », lequel consiste à se détacher, dans un temps plus ou moins défini, de l'être perdu. L'expression a fait son chemin. Elle est couramment utilisée, notamment par les spécialistes qui s'emploient à aider les personnes endeuillées à surmonter ces passages difficiles, et aujourd'hui reconnus, qui jalonnent le temps de la rupture et du rétablissement. Certains y parviennent naturellement. D'autres, subjugués par leur souffrance, songent à réclamer l'aide de médecins, de psychiatres ou de psychologues, grâce auxquels ils tentent d'accepter la perte et de réinvestir dans une nouvelle vie. D'autres, enfin, s'enfoncent dans leur chagrin comme s'ils refusaient à jamais d'en sortir.

Il m'arrive de rencontrer des hommes et des femmes qui, en dépit de longues discussions, se sentent incapables d'entreprendre la psychothérapie qui les aiderait sinon à revivre, du moins à mieux vivre après un deuil qu'ils ne surmontent pas. Souvent, ils ont perdu un enfant, leur couple s'est effondré autour de ce drame, le silence s'est installé et l'un et l'autre ont appris à vivre dans une souffrance dont ils ne cherchent plus l'issue. Il semble même que la proposition d'une relation d'aide, la promesse d'un mieux-être – ne serait-ce qu'en se libérant par la parole – ne provoque qu'un surcroît de tension, de malaise. Alors qu'ils sont en plein drame, on s'agite autour d'eux, en leur parlant du travail de deuil comme d'une panacée. Beaucoup ne le supportent pas.

« Le travail de deuil, s'exclamait récemment un père qui venait de perdre sa fille, tout le monde en parle, mais je ne sais même pas ce que c'est ! » Je le crois volontiers. Car, s'il y a travail de deuil, il ne se déroule pas forcément comme on pourrait s'y attendre. Ce n'est ni un mode d'emploi, ni la garantie que l'endeuillé pourra revivre un jour en assumant pleinement la perte qu'il vient de subir.

L'une de mes amies, psychologue, intéressée par la fin de vie et le deuil, m'a mise en garde contre les paradoxes apparents de mon propos : « On a l'impression, par moment, que tu te contredis. » C'est qu'il ne va pas de soi d'appréhender la notion de travail de deuil. On peut fort bien la concevoir intellectuellement, sans être capable de l'appliquer soi-même réellement. C'est là tout le drame. Lorsque je rencontre des personnes endeuillées, je souhaite de tout cœur que leur travail de deuil se déroule normalement et qu'elles retrouvent, à terme, sérénité et goût de vivre. Mais la femme que je suis et qui voudrait tant œuvrer à cet apaisement n'a cessé de porter en elle l'adolescente qui n'a jamais fait le deuil de sa mère[1] et qui connaît toute la difficulté à survivre sans avoir accepté que le passé était irrémédiablement révolu. Cette adolescente ressemble à une personne qui, après un choc trop rude, aurait appris à marcher en boitant ; parfois, autour d'elle, certains s'étonnent : « Mais comment ! vous n'avez jamais cherché à soigner cette claudication ? Vous n'avez jamais compris que vous pouviez réapprendre à marcher normalement ? » Seuls, les endeuillés savent comme il est difficile d'apprivoiser la souffrance liée à la perte, d'en parler pour finalement l'accepter et la « laisser filer ». Il m'arrive, lorsque je me remémore la disparition de ma mère, de chercher le mot susceptible de désigner le plus justement possible l'effondrement ressenti à ce moment. Les mots « cataclysme », « séisme », « cyclone », « typhon », « catastrophe », « écartèlement » et tant d'autres défilent dans mon esprit ; je finis toujours par les trouver pâles et plats, dénués de signification.

Ainsi, le travail de deuil se fait ou ne se fait pas. En aucun cas il ne s'apprend. La réalisation de la perte se traduit par un combat long, épuisant, dans lequel le temps, la souffrance et le renoncement occupent une place prépondérante. Notre inconscient se croyant immortel, l'idée de notre finitude nous est intolérable ; la mort d'un proche nous la rappelle brutalement, intensément. Nous nous trouvons soudain confrontés à une réalité que nous ne sommes prêts ni à entendre ni à admettre. Et la perte de l'autre, parent, conjoint,

1. Marie Ireland, *Jusqu'au bout du chemin. L'accompagnement de fin de vie, une histoire d'amour*, Presses du Châtelet, 1998.

enfant, nous impose une déchirure d'autant plus douloureuse que nous avons projeté de désirs, d'amour, de passion et d'ambition sur lui. C'est notre être tout entier qui se trouve ébranlé. Jamais la notion de danger n'est aussi grande, pour l'être humain, qu'en face de la perte de l'autre.

Comme le souligne le docteur Michel Hanus[1], au cours de la Seconde Guerre mondiale, période de pertes nombreuses – effroyables pour beaucoup –, le processus de deuil a retenu l'attention de psychiatres, de pédiatres, d'analystes et de somaticiens, dont les descriptions cliniques ont permis de mieux appréhender la notion de travail du deuil. Ils ont décrit les trois grandes phases de cette longue et douloureuse période : le temps de la *sidération*, celui de la *dépression* et celui du *réinvestissement*.

LE TEMPS DE LA SIDÉRATION

Cette première phase correspond à l'état de choc dans lequel est plongée la personne qui vient d'apprendre la mort d'un proche. Elle n'est pas vécue de la même façon si le décès frappe un père ou une mère âgée, ou au contraire un enfant ou un adolescent que l'on a vu partir pour l'école une heure plus tôt. Même si la perte de vieux parents est éprouvante, elle est mieux acceptée et s'apaise, en général, plus aisément que s'il s'agit de la mort d'êtres jeunes. La nouvelle du décès

1. Michel Hanus, *Les Deuils dans la vie*, Maloine, 1994.

« passe » difficilement. Elle se heurte à un déni violent, désespéré, qui plonge l'endeuillé dans une sorte d'état second pouvant durer plusieurs semaines. Il sait que la mort a frappé, mais tout son être nie ce drame qu'il n'intègre pas, tant sa réalité est insupportable. Abasourdi, il se demande s'il n'est pas la proie d'un cauchemar ; il temporise, se donne inconsciemment le temps nécessaire à l'acceptation. Il endigue sa souffrance, la laisse filtrer lentement, doucement en lui, avec le sentiment qu'elle le pulvériserait s'il la laissait s'exprimer. Combien de fois ai-je entendu dire de parents endeuillés, après l'enterrement de leur enfant : « Pas une larme, pas un cri... Quel courage ! Quelle dignité ! » Il ne s'agit ni de courage ni de dignité, mais des effets dus au choc trop profond qu'ils viennent de subir. Je parlerais plutôt d'une sorte d'anesthésie dont ils ont beaucoup de peine à s'extraire et dans laquelle ils se réfugient. La douleur se répand encore à pas feutrés ; ils la retiennent, la jugulent, passant par des phases de déni (« Ce n'est pas vrai, ce n'est pas possible »), de révolte (« Pourquoi faut-il que cela *nous* arrive ? »), d'apostrophes poignantes à la personne décédée (« Que nous as-tu fait ? »). Une mère, à l'enterrement de son enfant, ne cessait de répéter, les yeux secs, aux amis qui lui présentaient leurs condoléances : « Mais qu'est-ce qui nous arrive ? qu'est-ce qui nous arrive ? » Comme si elle éprouvait le besoin fou de s'entendre dire et redire, pour commencer à le croire, que sa fille n'était plus.

Ainsi, à travers ces questionnements, ces révoltes, parfois même ces rires s'il n'y a pas encore de pleurs, le dur cheminement se fait. La « nouvelle » s'installe, occupe petit à petit tout l'espace de la personne frappée par le deuil, qui a besoin d'un temps infini pour y croire, l'assimiler, l'admettre, l'accepter. Parallèlement, l'inconscient, qui ne croit pas à la mort, continue son rude combat. Quel apaisement s'il avait raison, si tout cela n'était qu'un mauvais rêve ! Quel bonheur, quelle paix si cette nouvelle était fausse !

Les premières heures, les premiers jours, les premières semaines passent. L'enterrement, les condoléances, les visites ont maintenu la famille en deuil dans une sorte d'agitation bénéfique. S'affairer, se sentir entouré permet de négocier avec sa souffrance, d'occuper son esprit, de se ménager de brefs et précieux instants de repos. Certains fuient dans l'activité, d'autres se protègent en se réfugiant dans des tâches mécaniques. Tous affrontent une période de travail intense et dépensent une énergie épuisante à lutter contre la réalité inouïe de la perte. En même tant que la disparition de l'être aimé, ils doivent assumer un effondrement intérieur d'une rare violence.

Il peut arriver que des cris, des pleurs, des rires éclatent dans de tels moments. Malheureusement, il se trouve toujours des personnes pour réduire ces explosions de chagrin à de justes proportions. Elles intiment l'ordre de se taire, de se calmer, sous prétexte de « ne pas se faire de mal ». Elles empêchent l'endeuillé de vivre sa peine, de crier sa détresse et l'obligent à refouler le chagrin qui l'étouffe. Or ces manifestations sont nécessaires, et il importe qu'elles soient vécues par la personne en souffrance et par son entourage. Notre société se conduit comme si la mort et la souffrance étaient contagieuses. La plupart d'entre nous, vis-à-vis des familles en deuil, choisissons de nier la réalité des affects. Nous réagissons comme s'il suffisait de jeter un voile pudique sur la souffrance de l'autre. Les « chut ! », les petites tapes dans le dos, les conseils à voix basse sont de bon ton, un peu comme si l'on disait à la personne endeuillée : « De grâce, apprenez à vous tenir ! Vos cris et vos gesticulations nous choquent, d'ailleurs ils ne servent à rien. De la dignité, je vous en prie ! » C'est dire notre difficulté à vivre la souffrance et notre incapacité à l'intégrer dans la vie de tous les jours.

Une famille en deuil a le droit de manifester sa peine, et nous avons le devoir de l'aider, de la comprendre, d'admettre ses contradictions, ses faiblesses, cette vulnérabilité qu'elle affiche, qui nous renvoie à nous-mêmes et qui nous dérange tant.

Lorsque j'étais enfant vivait dans notre village un homme d'une cinquantaine d'années, un peu fruste, bougon et n'entretenant avec ses voisins que des relations distantes. Lorsqu'il apprit la mort de son fils tué en Algérie, il s'évanouit. Personne ne comprit que c'était une façon de fuir cette situation qu'il était encore incapable d'assumer ; on s'étonnait : « Nous le pensions plus courageux que cela ! » J'ai tant de fois observé des hommes et des femmes récemment endeuillés qui ne parvenaient pas à manifester leur chagrin et qui demeuraient enfermés dans une sorte de prostration, indifférents à leur entourage, complètement détachés du drame qui s'était abattu sur eux, que je considère comme une grâce de pouvoir pleurer, crier, tempêter, se révolter, extérioriser cette peine qui semble complètement figée et dont on se demande à quel moment elle pourra enfin s'exprimer.

Il y a danger pour l'endeuillé à ne pas dépasser cette période précoce du deuil qu'est le refus de la réalité. Il risque d'y trouver un certain confort, surtout si, comme cela peut malheureusement se produire, il n'a pas vu le corps de la personne décédée. Cela arrive lors de guerres, d'accidents d'avion, de disparitions en mer, ou encore lorsqu'un enfant, mort brutalement, n'a pas été jugé « présentable » à ses parents par un entourage certes bien intentionné, mais pas suffisamment prévenu sur les conséquences d'une telle attitude. Le fait de ne pas voir le corps du défunt maintient le survivant dans l'espoir insensé qu'il continue de vivre quelque part et qu'il le retrouvera un jour. « Pas de corps, pas de mort », titre Marie-Frédérique Bacqué dans l'un de ses ouvrages[1], résumant ainsi la difficulté, voire l'impossibilité de faire le deuil en pareil cas.

Il arrive également, durant la période de sidération, que l'endeuillé soit le sujet d'illusions. Il croit reconnaître, dans la foule, la silhouette de la personne qu'il vient de perdre et tente de la rejoindre. Beaucoup n'ont pas le courage de se confier sur ces moments qui les perturbent profondément, ou bien, lorsqu'ils osent en parler, c'est avec d'infinies précautions, soulignant à quel point ils redoutent de devenir fous.

La culpabilité occupe une place prépondérante dans ces premiers moments de deuil, renforcée encore par le souvenir d'une dispute, d'un conflit ou des circonstances

1. Marie-Frédérique Bacqué, *Le Deuil à vivre*, Odile Jacob, 1992.

pénibles de la mort. Une mère, dans les semaines suivant la disparition de son fils dans un accident de voiture, suppliait son entourage de retrouver le conducteur de la partie adverse, survivant, pour qu'il l'informe de la façon dont son fils était mort. Elle n'avait qu'un souci, que son fils n'ait pas souffert, obsession dans laquelle, très certainement, entrait une grande part de culpabilité : celle de ne pas avoir su le protéger.

La deuxième étape du travail de deuil s'amorce, sans toutefois pouvoir se définir dans un temps précis : celle de la dépression. Certains quantifient le temps de la sidération puis celui de la dépression. Il me semble que ce sont des notions très générales qui varient selon chacun et qu'il n'existe de règles pour personne.

LE TEMPS DE LA DÉPRESSION

Lorsque je demande des nouvelles de familles endeuillées, j'obtiens régulièrement la réponse suivante : « Ils ne vont pas bien du tout, ils sont en pleine dépression. » Paradoxalement, c'est au moment où l'état dépressif se déclenche chez un endeuillé que le travail de deuil peut enfin commencer. C'est ce que j'appelle le temps de la « reddition ». Le mot peut paraître impropre ; il souligne cependant la violence du combat qui s'est livré depuis la nouvelle de la perte pour accéder à ce que Freud a appelé le « principe de réalité ». Le temps de l'acceptation se dessine, ce temps où, la réalité de la mort ayant laborieusement frayé son chemin dans l'être tout entier, celui-ci commence à accepter son sort et à intégrer ce qu'il a tant nié, tant fui durant de longues semaines, voire de long mois. « Pendant les six premiers mois de la mort de mon fils, me confiait une mère, je n'ai rien ressenti, rien compris. Et tout à coup, je me suis réveillée. » C'est le temps où le « plus jamais » revêt sa cruelle signification : « Je ne le (la) verrai plus jamais, je ne le (la) serrerai plus jamais dans mes bras. »

La finitude de l'autre, intimement liée à l'angoisse de notre propre finitude, s'impose avec plus de précision. « Toute la somme d'énergie investie sur la personne aimée et perdue doit, comme toutes les représentations qui y sont associées, être désinvestie[1] », explique Michel Hanus. Quelle longue et pénible tâche que de devoir abandonner les projets, les rêves, les espoirs, les fantasmes, les projections que nous entretenions avec la personne disparue ! Tout aussi douloureux est de renoncer à l'amour que nous lui portions et à celui que nous recevions d'elle. Comment ne plus aimer celui ou celle que nous avons tant aimé ? Comment vivre désormais sans son amour ? Débuter un travail de deuil implique tous ces renoncements et représente pour la personne en souffrance l'un des parcours les plus pénibles de la période suivant le décès. C'est un lent travail de destruction auquel elle va devoir s'atteler, en reconnaissant que ces mille petites choses qui avaient tissé sa relation à l'aimé disparu vont devoir, elles aussi, disparaître définitivement. C'est déconstruire systématiquement tout ce qui avait été construit, y renoncer à jamais. On pourrait dire que débuter le travail de deuil

1. Michel Hanus, *op. cit.*

consiste à faire les nombreux petits deuils de ce qui nous reliait au disparu.

Que de chagrin dans tous ces renoncements, que de désespoir et d'atermoiements, que de lamentations ! Souvent, l'endeuillé se replie sur lui-même, sombre dans une humeur dépressive, refuse de sortir et de voir du monde, de se distraire. Il s'exprime difficilement, cherche ses idées, manque de concentration, souffre d'insomnie, d'inappétence, manifestations normales dans ce moment pénible qu'il traverse. Tout lui paraît soudain futile et sans valeur, face à l'énormité de la perte, et il voit comme une forme de trahison de reprendre le cours de sa vie. Il s'isole dans sa souffrance, comme s'il cherchait à se protéger, à se ménager, à se donner le temps de comprendre, d'admettre, de se redresser intérieurement. Rien n'est simple dans cette rupture définitive car la colère, la révolte, le ressentiment n'ont pas cessé de se mêler au traumatisme de l'abandon. La frustration est si intense, si difficilement supportable qu'elle est porteuse de sentiments de rejet, ce qui est compréhensible.

Pour compenser ces moments de détresse intense, la personne en deuil idéalise le défunt. Parfois, j'entends des endeuillés évoquer leur propre mort comme un soulagement à une douleur qu'ils ne surmontent pas : « Je vais le rejoindre, ce sera enfin fini pour moi. » De telles confidences surprennent et inquiètent l'entourage. Elles se rappellent le temps où « pouvoir rejoindre » était encore physiquement possible. Il convient alors d'écouter sans porter de jugement, de laisser pleurer, sangloter, crier même. Il est important que le *chagrin passe*. Le meilleur moyen d'aider un ami ou une connaissance en souffrance, n'est-ce pas d'accepter qu'il vive pleinement sa peine ?

J'ai évoqué la difficulté à « tuer le mort » en soi, et à « tuer » en soi cette partie de nous-même qui existait par lui. Car, au terme de son travail de deuil, le survivant ne sera jamais plus le même. La perte, la souffrance, l'effort du désinvestissement auront fait de lui un être nouveau. C'est au cours de cette phase dite « de dépression » qu'intervient ce travail. Il ne s'accomplit pas toujours, notamment dans certains cas de deuils excessivement difficiles à vivre ou pour certaines personnes au passé pénible ou de structure psychique fragile. Des spécialistes peuvent les aider grâce à un suivi psychologique ou un traitement médicamenteux. Les psychanalystes préfèrent ne pas avoir recours aux calmants. Les médecins les prescrivent. On ne peut avancer qu'un choix soit meilleur que l'autre. L'important est que la personne en souffrance puise quelque soulagement dans l'aide qu'elle requiert.

Je rencontre tant d'adultes brisés par des deuils qu'ils n'ont jamais réussi à faire et que personne, à aucun moment de leur vie, n'a songé à orienter vers une relation d'aide. Nous n'avons pas besoin d'être médecins ou spécialistes du travail de deuil pour nous pencher sur ces êtres en perdition. Il nous suffit d'être attentifs, présents et chaleureux. D'accompagner, d'écouter et d'observer. Le moment viendra assez tôt où nous pourrons conseiller une aide extérieure. Ce qui compte, c'est que l'on n'abandonne plus ces hommes, ces femmes et ces enfants qui ont vécu des deuils si difficiles qu'ils menacent leur vie future, parce que personne n'a pris le temps de les écouter.

LE TEMPS DU RÉINVESTISSEMENT

C'est le temps du retour à la vie. Le chagrin s'apaise, la souffrance se fait plus supportable, l'endeuillé recommence à faire des projets. Lui qui, jusque-là, n'avait pas osé déplacer les objets du défunt ou s'en séparer, les côtoie plus aisément et réfléchit à ce qu'il va en faire : garder ceux auxquels il tient le plus, en offrir aux autres membres de la famille, voire s'en séparer. Dans ce cas encore, personne ne réagit de la même façon, et il serait vain d'avancer que les uns ont raison et que les autres ont tort. Nos réactions face à la mort et au deuil dépendent de notre histoire, de notre capacité à gérer nos affects, à vivre les ruptures, à reconstruire notre vie après un drame. J'en ai fait l'expérience après le décès de ma belle-mère, en Corse[1]. J'aurais souhaité conserver ses vêtements et garder sa chambre vide durant quelques mois, sans me fixer d'échéance. Je ressentais simplement le besoin de tout laisser en l'état, jusqu'à ce que s'apaise en moi le désarroi causé par sa disparition. Ses fils furent d'un tout autre avis. J'ai été témoin de la façon dont ils ont accompagné leur mère durant les dernières années de sa vie. Je les avais vus dévoués, attentifs, refusant jusqu'à l'ultime instant de l'abandonner. Ils considéraient néanmoins qu'après qu'elle les eut quittés,

1. Voir Marie Ireland, *op. cit.*

la vie devait reprendre ses droits sans délai. Chaque été, nous nous réunissions – et nous nous réunissons encore – dans la maison familiale où elle a vécu et où rien n'a changé. Lorsque je leur demandai si nous devions conserver ses vêtements ou les donner – et ils étaient fort beaux car, malgré son grand âge, elle était restée coquette –, leur réponse fut sans ambiguïté : il ne fallait ni garder, ni donner, mais *tout jeter* (encore aujourd'hui, j'hésite à écrire ces deux mots, qui reflètent pourtant la vérité). J'ai vécu cette décision comme une prolongation douloureuse de la rupture définitive que sa mort nous avait infligée. J'aurais voulu temporiser, aboutir moins brutalement au choix de ne rien conserver de ce qu'elle avait porté. Mais il m'arrive de reconnaître que ses fils ont bien réagi en se maintenant fort justement dans la réalité de sa disparition.

Durant la période du réinvestissement, l'endeuillé recommence à sortir, à voir des amis, à accepter de passer de bonnes soirées en dehors de chez lui. Il a de nouveaux désirs, des projets se dessinent sans qu'il se sente coupable. Il lui arrive, certes, de céder à des flots de larmes, à des moments de regrets intenses, mais il les maîtrise beaucoup plus aisément. Il ne se sent plus la proie de cet immense chagrin dont il a longtemps cru ne jamais pouvoir émerger. Son corps douloureux s'apaise, il le sent revivre, éprouve sa tonicité, sa souplesse. Il ne faut cependant pas confondre cette puissante envie de revivre, qui clôt un travail de deuil sainement accompli, avec l'hyperactivité qui, dans certains cas, saisit l'endeuillé, et qui est une fuite en avant, une défense qui empêche tout travail et risque de conduire la personne en souffrance vers ce que l'on appelle un « deuil compliqué ».

Le temps du réinvestissement est long. Il exige encore des efforts, il piétine par moments, s'immobilise. C'est un être neuf qui en émerge, un être qui est passé par l'épreuve du feu. Feu de la souffrance, de la désillusion, de l'effondrement. Mais c'est aussi un être apaisé, même s'il ressent encore de profonds moments de solitude et de désenchantement. Il apprend la nostalgie, les souvenirs. Il parvient à feuilleter sa vie passée comme un livre qu'il peut ouvrir et refermer à volonté. Au lieu de demeurer entièrement tourné vers lui-même, prisonnier d'un drame auquel il se croyait lié à jamais, il éprouve le besoin de regarder ailleurs, de respirer, d'entreprendre.

Ne nous leurrons pas : on ne se remet jamais tout à fait de la perte d'un être cher. Un travail de deuil effectué « normalement » permet de revivre sans trop de difficultés. Néanmoins, la peine demeure, atténuée certes, mais inoubliable, douloureuse encore par moments. J'ai vu de très vieilles mères pleurer un enfant disparu quelque soixante ans plus tôt. J'ai entendu des femmes évoquer de manière pathétique l'enfant mort avant terme qu'elles avaient porté bien des années auparavant. Les personnes en deuil me font invariablement penser à ces sportifs qui, ayant perdu un membre, mais animés par une volonté sans faille et aidés par la chirurgie réparatrice, parviennent à pratiquer de nouveau leur discipline au plus haut niveau. De telles réussites existent, nous en sommes de temps à autre témoins, et il convient de les saluer. Il n'empêche que sous la prothèse qui a permis de remporter un défi si courageux, il manque toujours la jambe ou le bras. Et quel que soit le combat, quelles que soient la victoire et l'indomptable force de caractère qui anime le champion, il portera toujours en lui le souvenir d'un membre qu'il n'a plus, et du moment tragique de sa perte. Ainsi va la personne endeuillée.

4

LES DIFFÉRENTES FORMES DU DEUIL

> *« Si la mort n'est pensable ni avant, ni pendant, ni après, quand pourrions-nous la penser ? »*
>
> (Vladimir Jankélévitch, *La Mort*, Flammarion, 1966.)

Tous les deuils ne sont pas abordés de la même manière ; ils diffèrent selon les circonstances de la mort et la capacité à affronter et à surmonter le traumatisme qu'elle engendre. Ces différentes formes de deuil, il m'a été donné de les observer et d'en relever certaines caractéristiques.

LE DEUIL ANTICIPÉ

Anticiper un deuil, c'est débuter un travail de deuil avant même que le mourant ne soit décédée. Cela arrive le plus souvent lorsque la perte d'une personne âgée a été annoncée. Sa mort peut être inconsciemment attendue ; les proches s'y préparent et se conduisent comme si elle n'était déjà plus là. Je me souviens d'une famille à laquelle les médecins avaient annoncé la mort prochaine d'un vieux père. Le premier choc passé, les premières visites effectuées – la famille habitait loin –, tout le monde s'installa dans l'idée de la perte et se conduisit en conséquence. La souffrance et les regrets étaient présents, comme lors de tous les deuils, mais le détachement s'effectuait nettement. Les longs voyages pour les visites s'accompagnaient d'une certaine lassitude, voire d'agacement. L'anticipation du deuil était évidente, renforcée par l'imminence du décès que chacun, finalement, souhaitait rapide. Il arrive que l'entourage se déchire tant la disparition attendue se prolonge, plongeant les uns et les autres dans une anxiété difficilement supportable ; ils en viennent à agresser, voire à haïr celui qui prend tout son temps pour les quitter. Dans le cas précité, le vieux père mit six mois à mourir.

Certaines familles entament des deuils anticipés lorsque l'un des leurs se trouve dans le coma. L'incapacité à communiquer, l'absence de réponse aux sollicitations incitent peu à peu au renoncement. Certains comas durant des mois, voire des années, la distance s'installe et le travail de deuil commence. Il convient de ne pas juger ces personnes en détresse qui, paradoxalement, se retrouvent devant un être aimé, toujours vivant, mais qui a toute l'apparence d'un mort. Aujourd'hui, les médecins et le personnel soignant incitent vivement les proches à entourer la personne dans le coma, à participer activement au rétablissement souhaité par tous. Certains affirment même qu'une telle attitude ne peut être que bénéfique, pour la famille, qui ne sera pas tentée d'entamer un deuil anticipé, mais aussi et surtout pour l'être aimé, dont beaucoup affirment qu'il ne perd rien des efforts des siens pour le ramener à une vie normale.

Tous les deuils anticipés ne se déroulent pas de la même façon. J'ai connu, enfant, une femme encore jeune dont le mari était atteint d'un cancer. Dès qu'elle apprit l'imminence de sa disparition, elle se conduisit comme une veuve. Nous la voyions passer dans la rue, toute de sombre vêtue et serrant ses enfants contre elle. Elle pleurait beaucoup, s'exprimait en chuchotant, remerciant les gens qui lui parlaient comme si elle recevait leurs condoléances. Elle affichait la même attitude éplorée au temple, le dimanche, soutenue par le pasteur et les fidèles qui l'entouraient, elle et ses enfants, comme une veuve et ses orphelins. Je l'ai souvent vue ramener fermement à la raison son fils, un garçon de dix ans, dont l'énergie, par moments, débordait. Elle imposait son attitude à ses enfants. Il est vrai que l'époque se prêtait davantage aux manifestations de grand chagrin – maîtrisées, bien sûr – et que tout le monde, dans la petite ville où nous vivions, la comprenait, la plaignait et louait son courage. Peu après l'enterrement de son époux, je surpris une discussion entre adultes : ils s'étonnaient qu'elle se fût conduite en veuve alors qu'il était toujours vivant et qu'elle eût pu reprendre pied avec autant de facilité après sa mort. Une entreprise voisine venait en effet de lui offrir un poste de VRP qu'elle avait accepté, pour subvenir aux besoins de sa famille. Contrairement aux habitudes de l'époque, elle abandonna très vite ses vêtements de deuil, incompatibles avec ses nouvelles fonctions. Elle parut y consentir aisément. Seuls pour elle comptèrent dès lors la vie et l'éducation de ses enfants. En y repensant bien des années plus tard, il me semble qu'elle s'était préparée, dans l'anticipation de son deuil, à lutter pour la survie des siens, choix qui n'était pas simple pour les femmes de l'époque, qui n'avaient jamais travaillé. Et elle y parvint.

On ne peut en aucun cas porter de jugement sur la façon dont les personnes en souffrance vivent l'annonce d'une mort prochaine et le deuil qui s'ensuit ; il n'en demeure pas moins que la vie occupe tout l'espace jusqu'au moment de la mort, que le temps du deuil est consacré à la souffrance et au réinvestissement et qu'ensuite la vie reprend ses droits.

UN DEUIL DIFFÉRÉ À JAMAIS

Certaines personnes, consciemment ou non, retardent le travail de deuil. Dans ce cas, elles agissent toujours de la même manière : elles font comme si la personne décédée vivait toujours. Dans son environnement, rien n'a changé : vêtements, lunettes, livre ouvert ayant appartenu au défunt sont toujours à la même place. Son assiette est mise à table et elles en parlent comme si elle n'allait pas tarder à revenir.

J'ai évoqué l'une de ces mères ayant brutalement perdu son fils dans *Jusqu'au bout du chemin* [1] ; elle conservait intacts sa chambre et les objets lui ayant appartenu. Mais le souvenir le plus prégnant que je conserve d'une personne ayant vécu un deuil à jamais différé remonte à mon enfance. Il s'agissait d'une femme

1. Marie Ireland, *op. cit.*

ayant perdu son mari à la guerre. Je ne l'ai jamais vue, mais j'étais dans la même classe que sa fille, Jeanine. Il m'a fallu de longs mois pour découvrir, à travers certains propos de mon amie, que quelque chose d'anormal se passait dans sa famille. Et de longues années pour comprendre que sa mère, en refusant la mort du père, perturbait considérablement son enfant. Quelques-unes d'entre nous savaient – nos mères en parlaient à voix basse car les enfants, à cette époque, n'avaient pas à connaître les histoires des grandes personnes ! – que le père de Jeanine avait été tué. Elle ne l'avait pas connu. Mais nous l'entendions en parler comme s'il vivait toujours. Au cours de nos discussions, dans la cour de récréation, elle disait soudain : « Papa a dit... » Nous avions neuf ou dix ans. Quelques-unes d'entre nous s'étonnaient : « Ton papa ? Mais il est mort ! » « Oui, répondait-elle sans se démonter, mais maman a dit que papa... » A écouter ses confidences, nous avions la nette impression qu'il vivait toujours dans son foyer. En tout cas, il avait son mot à dire lorsqu'elle rapportait son carnet de notes à la maison ! Parallèlement, une autre personne prit une place importante dans la vie de Jeanine : son frère, de huit ans son aîné. Au fil des mois et de classe en classe, la même histoire se répétait. Peu à peu, nous vîmes le fils remplacer le père dans l'esprit de notre camarade. Il représentait l'autorité, elle le redoutait et ne s'en cachait pas. Si bien que les élèves qui la connaissaient peu finissaient toujours par s'étonner : « Tu parles de ton père ou de ton frère ? » Et Jeanine de répondre, agacée : « Mais de mon frère, voyons ! », alors qu'elle était engagée, quelques secondes plus tôt, dans un discours où dominait l'image du père. C'était sans doute sa façon à elle de continuer à le faire vivre. Nous avions pris l'habitude de ce jeu croisé, sans bien en comprendre les raisons. Avec le recul, il apparaît que la fillette avait élaboré une sorte de cote mal taillée entre le désir de sa mère et une réalité qu'elle ne pouvait ignorer. La mère continuait farouchement de nier la mort de son époux dont elle refusait de faire le deuil, l'interdisant par là même à sa fille. C'est sans doute pour « cohabiter » avec cette aberration que Jeanine s'était forgé un père de substitution. Le père mort prenait corps dans le frère réel.

HISTOIRE D'UN DEUIL INHIBÉ

Lorsque le deuil est inhibé, la personne endeuillée, bien que consciente de la perte qu'elle vient de subir, ne manifeste ni ses émotions, ni son chagrin. Elle vit dans une sorte de torpeur, continue de travailler machinalement, se contentant de vaquer à ses obligations quotidiennes comme si rien ne lui était arrivé. Devant cette absence de réaction, l'entourage, en général, comprend tout de même qu'elle est en état de choc. C'est un événement extérieur, souvent inattendu, qui va permettre le surgissement des affects liés à la perte.

Un couple de quinquagénaires que je nommerai Jean et Christiane s'apprêtait, il y a une quinzaine d'années, à passer un bon dimanche. Comme d'habitude, il avait fait un détour chez le pâtissier après la messe et elle avait préparé un bon repas. En début d'après-midi, comme le temps était particulièrement beau, ils sortirent pour une promenade. Le drame se noua en quelques secondes. Alors qu'ils débouchaient sur un boulevard, ils tombèrent sur deux hommes en train de se battre. Jean intervint pour les séparer, reçut un coup de couteau et mourut sur-le-champ. Christiane ne versa pas une larme, ne poussa pas un cri. Rires et sourires s'estompèrent, mais elle continua de vaquer à ses occupations comme s'il ne s'était rien passé. Au bout d'un an, la mort de son chien permit de faire voler en éclats le chagrin qu'elle n'avait pu manifester lors du décès de Jean. Personne ne s'y trompa, et l'on n'entendit aucune de ces réflexions qui fusent parfois, lorsque l'entourage ne comprend pas que la perte, cruelle et inattendue, plonge l'endeuillé dans une sorte de prostration, différant ainsi le travail de deuil : « Elle n'a pas pleuré pour son mari, mais elle pleure pour son chien ! » Après ce tardif travail, Christiane retrouva l'expression du rire, des larmes, de la colère et de la joie. Elle reprit une vie normale.

Marie R. ou l'histoire d'un pré-deuil de six années

Marie R., dont j'ai relaté la fin de vie dans *Jusqu'au bout du chemin*[1], est décédée en février 1999. Son accompagnement vers la mort a duré six ans. Six longues années de pré-deuil, durant lesquelles nous l'avons perdue un peu plus chaque jour, sans jamais la retrouver vraiment. Ce fut une période dure, entrecoupée de joies et d'espérance, d'échanges tendres qui, le moment venu, rendirent la perte plus supportable. Le

1. Marie Ireland, *op. cit.*

plus éprouvant, lorsque nous voyons un être cher « perdre la tête » ou sombrer dans la démence, c'est de l'admettre, et donc de commencer le deuil d'un père ou d'une mère que nous croyions éternels et qui, tout à coup, nous adressent des signes désespérés pour nous montrer qu'ils s'en vont : ils se mettent à raconter plusieurs fois la même histoire dans une matinée, oublient les clés sur le comptoir d'un magasin, laissent une casserole brûler sur le gaz. Mais, comme ces incidents nous arrivent aussi de temps à autre, nous refusons d'y attacher plus d'importance.

Lorsque mon fils aîné rentra de Corse et m'avertit que sa grand-mère « devenait bizarre » et « posait sans cesse les mêmes questions », j'éludai en lui répondant qu'elle était fatiguée. Et, lorsque me parvinrent les coups de fil inquiets de la famille vivant sur l'île, me rapportant les bizarreries comportementales de ma belle-mère, je me dis que "c'était de petites choses anodines dues au vieillissement". Il est dur d'affronter l'obstacle d'une perte qui s'annonce, surtout lorsqu'il n'est pas imposé par la mort réelle de l'être aimé. Marie avait été une mère et une belle-mère si attentive, si proche des siens, qu'il m'était impossible d'imaginer qu'il pût en être autrement. Chaque été, enfants et petits-enfants se retrouvaient autour de la table qu'elle présidait, et chaque repas était une fête. Elle nourrissait nos corps autant que nos esprits. Combien de fois l'ai-je vue, quand l'un de ses petits-enfants n'aimait pas un plat, se lever pour aller lui en concocter un autre à la cuisine. Nous tentions de l'en dissuader, mais rien n'y faisait ; elle revenait, portant triomphalement un énorme plat de pâtes alors que tout le monde avait terminé de manger. Elle aimait les siens et passait son temps à le leur prouver. Souvent, nous nous retrouvions toutes les deux sur la terrasse, le soir, pour écouter des airs d'opéra. La musique lui rappelait des souvenirs de jeunesse qu'elle me racontait et nous partions dans de longues discussions. Juste après mon mariage avec son fils, elle me dit très simplement : « Puisque tu n'as plus de mère, je serai la tienne maintenant. Tu peux me tutoyer et m'appeler maman. » Je l'ai tutoyée et appelée « mamie ». Et nous avons parcouru un long chemin d'amour ensemble.

La première fois que je la sentis nous abandonner fut cruelle. Elle était remontée, comme chaque été, d'Ajaccio au village où nous passons régulièrement nos vacances. Elle avait ouvert la maison et préparé notre arrivée. Notre vie en famille reprit son cours, comme d'habitude. Pas tout à fait cependant. Marie était toujours vive, chaleureuse et attentive, mais, un peu avant la fin du premier repas, elle se leva soudain et annonça, plantant tout son monde à table : « C'est l'heure du *Commissaire Moulin.* » Et, sans un mot de plus, elle alla s'installer devant le téléviseur. Pour qui a connu Marie, cette attitude annonçait un profond changement. Nous prîmes, sur le moment, le parti d'en rire comme du caprice d'un enfant. Bizarrement, personne ne chercha à comprendre son attitude, nous n'en reparlâmes pas. Peu à peu, nous la vîmes s'embarquer dans un long voyage loin des siens. Premiers deuils que l'on croit assumer facilement, parce que l'on est soi-même adulte. En y repensant et en analysant mes sentiments une dizaine d'années plus tard, je vois cependant combien la sensation d'abandon fut douloureuse ce jour-là. En la considérant comme une enfant qui se réjouissait de voir un film – elle qui ne regardait que très rarement la télévision –, nous abandonnions nous-mêmes notre statut d'enfants par rapport à elle. Elle avait, jusque-là, été la mère, et voilà que nous la perdions. Dur moment, qui préludait à bien d'autres.

D'année en année, de mois en mois, de jour en jour, Marie s'éloigna de nous jusqu'à devenir totalement absente. Nous la perdîmes donc, d'heure en heure, et il nous fallut faire le deuil de ce qu'elle emportait : le regard, la parole, le rire, les gestes tendres.

A cette époque – les tout premiers temps de sa maladie –, nous tentâmes désespérément de la retenir, à l'aide de médicaments notamment, dans l'espoir de retarder le processus de sénilité dans lequel elle s'enfonçait. Elle réagit très mal, comme si elle nous reprochait cet acharnement à vouloir la garder encore un peu. Tout s'arrangea lorsque nous abandonnâmes, sur les conseils d'un médecin, le traitement qui lui avait été prescrit. Nouveau deuil que cette capitulation, plus humaine pour elle, mais si difficile pour nous : « Que ton esprit s'éloigne puisque tu le veux, mais quelle souffrance dans l'absence ! »

A ces deuils de la communion des êtres s'en ajoutent d'autres. Une mère est un personnage sacré, d'une puissance extraordinaire. Elle est celle qui peut tout, qui sauve, qui soigne. Quel réconfort de se la représenter ainsi ! Et la voilà soudain si fragile entre nos bras qu'elle ne pourrait survivre sans nous. La laver, la changer comme un tout petit être, l'accompagner dans ses fonctions les plus intimes… Quel deuil de sa toute-puissance ! Et quelle perte de l'enfant que nous étions jusque-là ! Car c'est bien un enfant que nous continuons de bercer, en nous, tant que nos parents ne sont pas défaillants. La perte de l'autonomie parentale tue cet enfant. Si difficile cela soit-il, il nous faut devenir définitivement adultes, parents de nos parents.

Comme beaucoup de jolies femmes, Marie était coquette. Elle teignait ses cheveux, se poudrait les joues et rosissait ses lèvres. Ses robes étaient vives, son corps fin. A quatre-vingt-deux ans, elle fut renversée par un motard et hospitalisée dans le coma, mais son excellente santé lui permit de se relever de cet accident. Elle n'en garda qu'une épaule un peu affaissée. L'été suivant, je découvris qu'elle avait ajusté une double épaulette sur chacune de ses robes afin de dissimuler ce léger déséquilibre. Longtemps après qu'elle eut cessé de prendre soin d'elle, nous continuâmes de la coiffer et de la maquiller. Nous pensions qu'elle l'aurait apprécié et nous conservions ainsi la belle image que nous avions d'elle. Nous l'encouragions à marcher pour entretenir ses muscles. Mon mari l'emmenait, doucement, la soutenant par un coude, une chaise pliante sous l'autre bras, sur laquelle il la faisait asseoir lorsqu'il la sentait fatiguée. Les chemins qu'ils parcouraient étaient familiers, elle y avait passé sa vie et, de temps à autre, elle montrait qu'elle les reconnaissait. Mais il fallut renoncer peu à peu aux teintures, qu'elle ne supportait plus, ainsi qu'aux promenades, trop fatigantes. Nouvelle perte pour nous, car nous découvrîmes soudain une très vieille femme.

Que d'adieux durant ces longues années ! Nous la vîmes s'éteindre un peu plus chaque jour. Mais que de joies aussi, lorsque nous parvenaient, de ce territoire inconnu dans lequel elle s'était réfugiée, de petits signes d'amour, des mots que nous n'attendions plus. Cela pansait nos plaies, adoucissait notre chagrin.

Vint le jour, peu avant sa mort, où le col du fémur cassa. Un matin, ma belle-sœur remarqua un léger déséquilibre dans sa démarche, mais le médecin, à l'examen, ne diagnostiqua aucune fracture. C'est le fils aîné de Marie qui décela l'anomalie, près de sa hanche ; il fut décidé de l'hospitaliser pour une opération. Je me souviens très bien d'avoir douté de la nécessité de cette intervention. Marie, depuis peu, avait entrepris son dernier voyage. Supporterait-elle le choc opératoire ? Était-il nécessaire de tourmenter ce petit corps si près de la fin ? Mais une autre question nous obsédait, à laquelle nul n'apportait de réponse : souffrait-elle ? Les médecins nous rassurèrent et elle fut opérée. C'est une mourante qui nous revint, fragile comme un oiseau, diaphane, si petite, si maigre. Des escarres firent leur apparition. Danièle se pencha sur elle, l'embrassa et lui chuchota : « Nous avons bien lutté, toutes les deux, n'est-ce pas ? » Contre toute attente, Marie lui répondit dans un souffle : « Oh oui ! »

Quelques jours plus tard, l'infirmier qui l'avait suivie durant de longues années dit à ma belle-sœur : « Vous ne pouvez plus la garder ici, il faut la faire hospitaliser. » Danièle riposta aussitôt : « Si vous ne voulez plus vous en charger, nous vous remplacerons, mais ma belle-mère mourra chez elle. » Le jour arriva où Marie refusa de se nourrir. La fin s'annonçait ; elle s'endormait doucement. Son fils aîné l'assista nuit et jour ; il fallait la retourner toutes les trois heures, en raison de ses escarres. Un dimanche, à une heure du matin, il l'abandonna quelques minutes pour aller boire. Et il entendit, du corridor, son souffle se briser. Marie s'était éclipsée.

Cette période de pré-deuil fut un chemin que nous avons parcouru ensemble. Durant ce long temps de séparation, Marie demeura au milieu des siens ; la rupture fut ainsi moins pénible. Cela n'empêche ni le chagrin, ni la douleur de la perte, en l'occurrence une succession d'innombrables pertes que nous avons toutes affrontées. Je me rappelle les premiers temps de sa désorientation. Je m'étais plongée dans ses albums de photos et j'avais contemplé, durant de longues soirées, la jeune fille et la jeune femme qu'elle avait été. J'éprouvais le besoin fou de la voir jeune et belle, extraordinairement vivante, et de l'imaginer durant toutes ces années où je ne l'avais pas connue. Elle portait toujours un chien, un chat ou un enfant dans ses bras. Il existe aussi une photo où elle était à moto. Ces longues « séances de photos » étaient un puissant appel à la vie, une sorte de conjuration de mon propre vieillissement, de ma propre décrépitude. C'est toujours vers de telles angoisses que nous renvoie la mort de l'autre ; pouvoir contempler ce corps jeune, ce visage riant, me permettait, le lendemain, de mieux supporter cette dame vieillie qui avait choisi de s'en aller avant l'heure. Bien sûr, nous avions la chance de la conserver parmi nous, son corps était toujours là, nous pouvions le toucher, l'embrasser, le caresser. Mais il nous fallait renoncer à son esprit, à son rire, à ces mille petits gestes que nous avions tant aimés. Et nous vivions ces pertes comme autant de deuils infimes qui nous préparaient, il est vrai, à la grande rupture.

Je me suis retrouvée, l'été suivant sa mort, dans la maison familiale, au village. Il m'a fallu plusieurs jours pour ne plus ralentir mes pas et marcher sur la pointe des pieds en passant devant sa chambre, comme si elle dormait encore, de l'autre côté de la porte. Je sais que, dans la maison, rien ne sera jamais plus comme avant. Déchirures difficiles, qui nous font grandir, certes, mais qui blessent cruellement l'enfant qui n'a cessé de vivre en nous.

LES NOMBREUX DEUILS DE SAINTE THÉRÈSE DE LISIEUX OU LA SUBLIMATION DE LA SOUFFRANCE LIÉE À LA PERTE

Thérèse de Lisieux me fascine. Enfant, elle a dû affronter de nombreux deuils ; manifestement, elle n'a dû sa survie de quelques années qu'à son aptitude à sublimer la souffrance. Elle portait le même prénom que ma mère…

Thérèse était la dernière d'une famille de neuf enfants dont quatre moururent en bas âge. Ses parents, Louis et Zélie Martin, auraient préféré entrer en religion et passer leur vie dans un cloître. Des prêtres les en dissuadèrent, leur rappelant qu'ils pouvaient procréer et offrir leurs enfants à Dieu. Louis était calme et réfléchi, tandis que Zélie, terriblement angoissée, impulsive et entreprenante, allait se lancer dans une florissante affaire de dentelles, qui assura à sa famille, après sa mort, une certaine prospérité.

Très tôt, Zélie est hantée par la mort. Elle dit que son enfance a été « triste comme un linceul » et écrit à son frère, alors qu'elle est une jeune épousée heureuse : « Tu sais bien que la vie n'est pas longue. Toi et moi nous serons bientôt à terme[1]. » Les analystes évoqueraient une sérieuse angoisse de castration ou encore des pulsions de mort dont la petite Thérèse souffrira dès sa naissance. Comme la plupart des anxieux, Zélie fuit dans une activité forcenée. Elle travaille jusqu'à l'épuisement, s'use et se plaint continuellement de n'avoir pas choisi la vie tranquille des couvents. Son mari abandonne son emploi de bijoutier pour la rejoindre et l'aider, mais cela ne l'empêche pas d'entreprendre toujours plus, jusqu'à ne plus avoir le temps de nourrir son dernier fils, qu'elle place en nourrice.

Lorsque Thérèse naît, sa mère a perdu deux garçons et deux filles et vit dans la hantise que cette nouvelle petite fille ne meure à son tour. Les prénoms des enfants morts – Joseph et Thérèse – ont été redonnés au garçon et à la fille nés par la suite ; des enfants de remplacement, en somme, ce qui prouve la difficulté de Zélie à faire le deuil de ses enfants morts. Elle écrit d'ailleurs : « Je me tourmente extrêmement au sujet de ma petite Thérèse. J'ai peur qu'elle ait une maladie d'intestin, je remarque les mêmes symptômes alarmants que chez mes autres enfants qui sont morts. Faudra-t-il encore perdre celle-là ? » Désirs de vie et de mort autour de la nouvelle-née sont si intimement liés que la petite finira par refuser le sein de sa mère.

Il faut également savoir qu'à la naissance de Thérèse, Zélie souffrait depuis de longues années d'un cancer du sein qui allait l'emporter. Le bébé est anorexique.

1. Jean-François Six, *Vie de Thérèse de Lisieux*, Le Seuil, 1997.

Redoutant le pire, sa mère la place chez une nourrice qui a élevé l'un de ses fils, Rose. Tandis que la fillette se gorge du lait de Rose, sa mère, une nouvelle fois, la croit morte : « Elle est tombée comme une morte sur sa nourrice » ; et, un peu plus loin : « Elle était si calme, si paisible, que je remerciais de l'avoir fait mourir si doucement[1]. » Thérèse elle-même entretiendra la confusion vie/mort qu'elle a sentie chez sa mère puisque, enfant, elle dira souvent à ses parents : « Oh ! que je voudrais bien que tu mourrais, ma pauvre petite mère. » Et comme on la gronde, elle ajoute : « C'est pourtant pour que tu ailles au ciel puisque tu dis qu'il faut mourir pour y aller. »

Auprès de sa nourrice, Thérèse s'épanouit, grandit en beauté et en vigueur. Mais la proximité de sa mère, lors des premiers mois de sa vie, sera toujours source d'angoisse, au point que Zélie est souvent obligée d'aller chercher Rose en catastrophe pour apaiser l'enfant.

Thérèse a quatorze mois lorsqu'elle rentre dans sa famille. Zélie étant très occupée par son commerce, les sœurs aînées, Marie, Pauline et Céline, prennent leur benjamine en charge. Au sein de cette famille névrosée, l'éducation repose sur la culpabilité et le dolorisme. Il est fréquent qu'un des enfants, ayant oublié de confesser un péché en fin de journée, vienne se jeter aux pieds de sa mère, en larmes et choqué, pour se faire pardonner. La sœur de Zélie, supérieure d'un couvent, lui écrit : « Forme tes enfants à l'esprit de sacrifice. »

1. Denis Vasse, *La Souffrance sans jouissance ou le Martyre de l'amour*, Le Seuil, 1998.

C'est dans ce climat sulpicien, empreint tout de même d'amour, que Thérèse apprend à prier, à lire et à écrire. C'est une enfant précoce, d'une sensibilité extrême, qui grandit au milieu « d'histoires d'agonies, de mort, de punitions[1] ». Alors que la mort de sa mère s'annonce, elle souffre de crises d'asthme qui disparaissent aussi vite qu'elles se déclenchent ; la vieille terreur de la perdre resurgit chez Zélie : « Mon Dieu, si je perdais cette enfant, que j'aurais de chagrin[2] ! » Ne pourrait-on voir dans ces troubles psychosomatiques une manifestation de la culpabilité que l'enfant a dû ressentir en rejetant une mère morbide pour survivre, lors des premiers mois de sa vie ? Elle se devait, symboliquement, de tuer sa mère pour échapper à la pulsion de mort qui agitait Zélie et continuer elle-même à vivre. Mais comment assumer une telle angoisse lorsque la mort de la mère s'annonce ?

Thérèse n'a pas cinq ans lorsque meurt Zélie. La première période de sa vie se termine sur ce deuil qu'elle ne fera pas. Or, lorsqu'un premier deuil n'a pas été fait, les suivants sont terribles. Comme le souligne Denis Vasse, psychanalyste et jésuite : « L'affection névrotique dont Thérèse entourera les siens trouve son principal ressort dans l'horreur inconsciente que lui procure sa propre mère et le désir de lui échapper qui s'ensuit : cela est, pour une enfant, extrêmement culpabilisant et ne fait que renforcer, dans le comportement et la conscience, les manifestations turbulentes d'un

1. Jean-François Six, *op. cit.*
2. *Ibid.*

prétendu amour qui dit tout le contraire : c'est le problème de la dénégation[1]. »

Dans la personne de ses sœurs, Thérèse choisit des mères de remplacement. Hélas, peu après le décès de Zélie, Thérèse perd la seconde mère qu'elle s'est choisie et qu'elle aime au-delà de toute expression : sa sœur Pauline, qui a décidé de prendre le voile au Carmel. La fillette souffre profondément de cette seconde défection. Plus tard, elle écrira : « J'avais souffert le martyre pour m'habituer à vivre sans elle, pour voir entre elle et moi des murs infranchissables, mais enfin j'avais fini de reconnaître la triste réalité, Pauline était perdue pour moi, presque de la même manière que si elle était morte. » La dure règle du Carmel, la volonté de Pauline de « couper » avec sa petite sœur pour lui imposer la réalité de son départ sont insupportables à Thérèse qui, toujours selon ses biographes, « entre dans la période la plus douloureuse de sa vie : tremblements, pleurs, peines d'âme, scrupules, amour-propre, mélancolie, sentiments d'isolement, évanouissements, frayeurs, idiotie, appels désespérés, “Mama” et douleurs intérieures[2] ». Nous reconnaissons là les symptômes de la souffrance liée à la perte ; si le travail de deuil s'amorce, ils s'atténueront jusqu'à disparaître. S'il ne se fait pas, comme c'est parfois le cas, certains perdureront tout au long de la vie.

Thérèse trouve une échappatoire à son insupportable désarroi : elle se tourne vers la Vierge Marie, figure mythique de la mère éternelle, celle qui ne la trompera,

1. Denis Vasse, *op. cit.*

2. Jean-François Six, *op. cit.*

ne la quittera jamais. Elle écrira plus tard : « Ne trouvant aucun secours sur la terre, la pauvre petite Thérèse s'était tournée vers sa mère du ciel, celle qu'elle priait de tout son cœur d'avoir enfin pitié d'elle. » Pour Thérèse, cette prière est une illumination. Elle croit voir la Vierge lui sourire. Même s'il est encore long, le chemin de la sublimation commence pour cette fillette d'une extrême sensibilité, en proie aux souffrances du deuil. Mais elle est encore une enfant qui doit grandir et affronter de multiples pertes, une enfant d'une excessive fragilité : « A partir de la mort de maman, mon heureux caractère changea complètement ; moi, si vive, si expansive, je devins timide et douce, sensible à l'excès. Un regard suffisait pour me faire fondre en larmes, il fallait que personne ne s'occupât de moi pour que je sois contente, je ne pouvais pas souffrir la compagnie de personnes étrangères et ne retrouvais ma gaieté que dans l'intimité de la famille. »

Thérèse est avide de tendresse. Un jour qu'elle se trouve chez sa tante, elle observe que sa cousine, souffrante, fait l'objet d'attentions particulières. En proie à l'une de ses céphalées dont elle est coutumière, elle cherche à s'attirer caresses et baisers en se plaignant, mais son entourage la couvre de reproches, ce qui la « guérit pour la vie du désir d'attirer l'attention ; le seul effort que je fis me coûta trop cher ».

Ainsi, Thérèse comprend qu'elle doit grandir, mais à quel prix ! Elle supporte mal le monde extérieur, qu'elle ne juge pas sécurisant ; elle est donc déplaisante avec ceux qui la reçoivent et qui exigent qu'elle se conduise comme une enfant de son âge. Sa sœur Marie, la « troisième mère » qui a remplacé Pauline lors de son entrée au Carmel, la secoue, la rabroue, occupe toute la place lorsqu'elles rendent visite à Pauline au couvent, la privant ainsi d'instants précieux avec sa seconde mère. Et puis, Louis Martin s'est mis à voyager. Il part pour Constantinople. Dans ses lettres, il décrit longuement l'immense plaisir qu'il éprouve à visiter cette partie du monde, alors que Thérèse se sent si triste, seule, abandonnée : « La vie est comme le vaisseau qui fend les flots agités et ne laisse après lui aucune trace de son passage rapide. Quand je pense à ces choses, mon âme se plonge dans l'infini et il me semble déjà toucher le rivage éternel. Je crois voir ma mère du ciel venant à ma rencontre avec papa... maman... les quatre petits anges... Je crois jouir enfin pour toujours de la vraie, de l'éternelle vie en famille[1]. » On voit bien la difficulté qu'éprouve Thérèse à grandir car elle se prive difficilement d'un entourage familial aimant. En même temps, dans l'évocation « de la vraie, de l'éternelle vie de famille » se dessine l'engagement religieux qu'elle choisira quelques années plus tard, dans un univers somme toute familier puisqu'il est la projection de la cellule familiale, comme en témoignent le langage propre à l'Église : Dieu le *père,* Marie la *mère éternelle,* notre Sainte *Mère* l'Église, les *pères*, ces religieux qui dirigent les consciences, les *sœurs*, et le couvent, lieu clos, protecteur qui, symboliquement, représente le ventre de la mère et que l'on appelle, bien souvent, la *maison mère.*

Thérèse n'en a pas terminé avec les abandons et les deuils que la vie lui impose. Sa troisième mère, Marie,

1. *Ibid.*

décide de prendre à son tour le voile : « Aussitôt que j'appris la détermination de Marie, je résolus de ne prendre plus aucun plaisir sur terre[1]. » Le jour où Marie entre au Carmel, Thérèse est reçue « enfant de la Sainte Vierge ». Elle vient une nouvelle fois de perdre une mère : « C'était Marie qui me guidait, me consolait, m'aidait à pratiquer la vertu, elle était mon seul oracle », qu'elle remplace immédiatement par la Mère éternelle dont elle devient officiellement l'enfant et qui se prénomme, elle aussi, Marie. Nouvelle perte, nouvelle souffrance qu'elle assume comme elle peut.

Il semble, cependant, que Thérèse ne soit pas tout à fait prête au grand renoncement. Il faudra ce qu'elle a appelé sa « nuit de lumière » pour mourir à son enfance et quitter définitivement ce monde qui la fait tant souffrir. De retour de la messe, la nuit de Noël, elle s'apprête, comme tous les ans, à découvrir les cadeaux déposés dans ses souliers devant la cheminée. Rite d'enfant auquel elle se soumet avec bonheur, qui lui rappelle tant de fêtes heureuses et auquel elle n'a jamais songé à renoncer. Mais elle entend soudain son père soupirer : « Enfin, heureusement que c'est la dernière année. » Il est vrai que Thérèse n'a pas tout à fait quatorze ans et que son adolescence est bien entamée pour songer encore à ces plaisirs d'enfant ! L'une de ses sœurs aurait pu, petit à petit, le lui faire comprendre. Cette réflexion du père claque comme un ordre. C'est comme s'il lui avait dit : « Cela suffit maintenant, grandis ! » Ce qui, pour Thérèse résonne comme : « Meurs à ton

1. *Ibid.*

enfance, meurs au cocon familial, meurs à tout ce qui t'a aidée à survivre jusqu'à maintenant. Meurs à toi-même ! » C'est ainsi qu'elle le vit, mais sans le montrer. Elle dira qu'à ce moment « Jésus a changé [s]on cœur » et réussit, une dernière fois, à jouer la scène d'une enfant heureuse devant ses cadeaux de Noël. En se rappelant cet instant, Thérèse évoquera la force que Dieu a bien voulu lui octroyer. Pour ma part, j'y vois plutôt le renoncement définitif – qui certes a exigé une force intérieure extraordinaire – à tout risque non mesuré de souffrance. C'est comme si Thérèse tirait définitivement le rideau sur sa vie, sur un monde qui n'a cessé de la perturber au plus profond d'elle-même. Sa force repose dans cette détermination à ne plus s'exposer à la moindre perte, détermination qui va la pousser à rejoindre ses sœurs au Carmel : « Jésus était le maître, le roi. Thérèse ne lui avait-elle pas demandé de lui ôter sa liberté, car sa liberté lui faisait peur ? Elle se sentait si faible, si fragile que pour jamais elle voulait s'unir à la force divine[1]. »

Réfugiée au fond d'un couvent, tout entière tournée vers la prière, les macérations, l'adoration d'un Père et d'une Mère célestes, du Christ, elle va puiser dans le mysticisme une réponse à toutes ses déchirures. A-t-elle d'autre choix ? Elle n'est ni structurée, ni armée pour affronter une vie profane d'adulte. Elle porte en elle de nombreux deuils sur lesquels, malheureusement, elle n'a jamais pu entreprendre le moindre travail. Le deuil d'elle-même tout d'abord, dans l'inconscient d'une mère qui

1. *Ibid.*

n'a cessé de redouter sa mort tout en priant pour lui conserver la vie. Dans l'abandon de ses sœurs, ensuite, qui la sacrifièrent – la tuèrent ? – à leur désir d'entrer au Carmel. Et dans la difficile fin de vie d'un père aimé, qui, dans le cœur de la fillette, avait remplacé la mère morte, mais que l'on dut interner à la fin de ses jours.

L'abandon, dans toute sa signification, n'est-il pas une mort qui requiert, elle aussi, des deuils difficiles ? De nos jours, Thérèse aurait pu se faire assister et parvenir à dépasser une histoire trop lourde pour elle. Au Carmel, elle demeurera pour ses sœurs la « petite Thérèse ». Céline, la dernière à avoir pris le voile quelques années plus tard, y a été fortement incitée par sa jeune sœur qui voit ainsi sa famille recomposée. Thérèse continuera de souffrir, beaucoup, mais elle transcende cette souffrance qu'elle offre au monde divin :

> *Jésus mon bien-aimé, pour vous je veux mourir*
> *Je désire mourir pour commencer à vivre*
> *Je désire mourir pour m'unir à Jésus.*
> *Mourir d'amour, c'est un bien doux martyre*
> *Et c'est celui que je voudrais souffrir.*
> *Mourir d'amour, voilà mon espérance...*

Thérèse meurt à vingt-quatre ans d'une tuberculose, maladie des poumons que l'on ne peut s'empêcher d'associer aux crises d'asthme qu'elle déclenchait, enfant, lorsqu'elle voyait sa mère souffrir du cancer du sein qui allait l'emporter. Peu avant sa propre mort, alors qu'elle est la proie d'une douleur intolérable, elle rassure ses sœurs : « Laissez faire, dit-elle, Papa le Bon Dieu, il sait bien ce qu'il faut à son tout petit bébé. »

Thérèse laisse dans le monde l'image d'une sainte qui a beaucoup écrit sur l'amour et la mort, les deux grands tourments de sa vie d'enfant. « Deuils impossibles à faire et sublimation du désir, de la souffrance et de l'amour » : tel pourrait être le sous-titre d'une *Vie de Thérèse de Lisieux*.

5

DEUIL D'UN PARENT

« Le rêve maternel, c'est le tiède tapis,
C'est le nid cotonneux où les enfants tapis,
Comme de beaux oiseaux que balancent les branches,
Dorment leur doux sommeil plein de visions blanches !
Et là, c'est comme un nid sans plumes, sans chaleur,
Où les petits ont froid, ne dorment pas, ont peur ;
Un nid que doit avoir glacé la bise amère...
Votre cœur l'a compris, ces enfants sont sans mère. »

(Arthur Rimbaud,» Les Étrennes des orphelins »)

MORT D'UN PARENT ÂGÉ, DEUIL DES ENFANTS ADULTES

Bien qu'elle soit toujours douloureuse, la mort d'un ascendant âgé, grand-parent ou parent, n'est jamais aussi traumatisante que lorsque cette mort frappe un père ou une mère jeune. Ces dernières décennies ont vu la population vieillir, et nos années de vie, compte tenu des progrès de la médecine, ont de fortes chances de s'allonger encore. Il y a tout lieu de s'en réjouir. Ainsi, on voit cohabiter jusqu'à quatre générations et, pour peu que certaines d'entre elles aient procréé très jeunes, d'ici peu, cinq générations vivront au sein d'une même famille.

Je n'évoquerai pas les vieillissements éprouvants, les relégations en maison de retraite, les parents et les enfants qui se déchirent au point de ne plus se fréquenter. La plupart auront anticipé leur deuil depuis longtemps. Mais je vois souvent des sexagénaires entourer leurs parents comme si ces derniers étaient devenus leurs enfants. Les hommes affichent une attitude virile, protectrice, tandis que les femmes développent douceur et complicité autour des parents et grands-parents. Ainsi, un homme aux cheveux blancs conseille avec une douce autorité à sa mère de ne pas oublier son manteau avant de sortir, tandis qu'une dame en âge d'être grand-mère noue tendrement une écharpe au cou de son père.

Combien de fois aussi ai-je entendu une mère et sa fille évoquer des conflits remontant à une cinquantaine d'années. A l'époque, l'une était jeune mère, l'autre adolescente, et les souvenirs qu'elles échangeaient les avaient fortement opposées. Elles se les remémoraient, s'en expliquaient et finissaient par en rire, atténuant jusqu'à les voir s'évanouir la culpabilité, voire une certaine rancœur que l'une et l'autre avaient conservées. Car le temps qui passe patine les caractères, apaise les conflits et scelle la tendresse au moment où l'idée de la mort s'insinue, car chacun sait qu'elle est l'aboutissement de toute vie. Il est important, avant qu'il ne meure et pour que le deuil ne soit pas trop difficile, d'avoir pu faire la paix avec son vieux parent.

Soutenu par la sagesse que confère la maturité, une sorte de pré-deuil s'installe : on s'attend en effet plus facilement à voir mourir une vieille mère de quatre-vingt-quinze ans que l'enfant qui vient de partir pour l'école. Et l'on entend souvent dire, lors de l'enterrement d'une personne âgée, qu'elle a eu « une belle et longue vie », qu'elle en a « bien profité », que « son heure était arrivée », et que, finalement, « ce départ est dans l'ordre des choses ». Cette approche somme toute profondément humaine n'empêche nullement la douleur.

Un jour, au cours d'une formation que j'animais, j'avançai qu'il est moins pénible de perdre un parent âgé qu'un parent jeune, lorsque l'une de mes stagiaires m'interrompit avec véhémence : « Ce n'est pas vrai ! Ma mère est morte à quatre-vingts ans, j'en ai énormément souffert et je n'en suis toujours pas remise. » Un long moment, nous avons évoqué les sentiments qu'elle ressentait. Elle-même a fini par reconnaître que son chagrin aurait été bien plus violent si elle avait perdu sa mère plus tôt. On ne peut quantifier la douleur liée à la perte. Tant de sentiments ambivalents s'y mêlent : l'amour tout d'abord, l'attachement qui peut être d'une force excessive entre les êtres, la culpabilité, le désarroi, voire le ressentiment si le moment précédant la mort a été difficile et a exigé beaucoup d'efforts de la part de l'entourage familial.

Assister un parent dans sa fin de vie, même avec beaucoup de tendresse et de disponibilité, n'est pas toujours aisé. A notre dévouement s'ajoutent des moments d'épuisement, d'impatience, des souhaits furtifs que « cela finisse vite », non pas que l'on aime moins, mais parce que la situation devient parfois trop pesante. Une agonie est un passage extrêmement douloureux pour la famille qui accompagne et qui voit son vieux parent mourir dans la souffrance. Les désirs de mort que nous pouvons ressentir dans de tels moments sont, avant tout, profondément humains. « Je n'en pouvais plus de le (la) voir finir ainsi », « il valait mieux qu'il (elle) s'en aille très vite. » Confidences naturelles et compréhensibles, mais qui engendrent une culpabilité intense. Souvent, les enfants s'effondrent après de tels aveux : « Je n'ai jamais souhaité sa mort, mais je ne supportais plus de le (la) voir si diminué(e). » Après le décès de notre belle-mère en Corse, Danièle, ma belle-sœur, m'a confié sa difficulté à assumer les ultimes instants de cette femme qu'elle avait, sans défaillir, accompagnée durant six longues années : « Les dernières heures, je pénétrais dans sa chambre sans oser la regarder. » Et d'ajouter : « Quel soulagement d'oser le dire sans risquer de jugement. »

Le deuil de parents âgés implique également le deuil du statut que leurs enfants avaient, jusque-là, occupé. Leur génération se retrouve face à face avec la mort. Ils prennent, en quelque sorte, la place de ceux qui viennent de disparaître. Constatation éprouvante, il faut bien le reconnaître.

C'est une situation que je vis depuis plusieurs années en Corse, l'été. Longtemps, le village où je passe mes vacances a été très animé, surtout le soir, lorsque la fraîcheur s'installe. Beaucoup se promenaient, la plupart du temps en groupes joyeux qui s'interpellaient, discutaient, riaient. D'autres étaient assis sur de petits murs, saluant chacun, échangeant les nouvelles de l'année vécue au loin. Le temps a passé. Presque toute une génération a disparu. Le village se désertifie, beaucoup de maisons sont fermées et il m'est douloureux, lorsque je reprends mes promenades, de ne plus croiser ces visages qui me furent si longtemps familiers. Ce vide résonne étrangement en moi. Je sais que j'appartiens à cette génération qui va ouvrir le chemin pour qu'enfants et petits-enfants puisent la même joie, la même chaleur, le même amour de la vie dans un paysage peuplé de parents vieillissants et rassurants. Il me semble que j'étais fillette hier, or me voici placée en tête, devant la grande route déserte. Il est dur de ne plus être l'enfant de personne...

MORT D'UN PARENT ÂGÉ, DEUIL DES ENFANTS JEUNES

Ainsi nos enfants et petits-enfants voient leurs aînés vieillir et mourir ; ces disparitions leur permettent, dans une société où elle est totalement occultée, de penser et de vivre la mort. Nous pouvons les aider, en leur apprenant qu'elle fait partie de la vie et en répondant à leurs questions de la manière la plus simple et la plus naturelle qui soit.

Il y a quelques années, l'une de mes voisines a perdu sa vieille mère. Elle a gardé le corps dans sa maison jusqu'au jour des obsèques. Lorsque son petit-fils âgé de deux ans est monté sur le lit où reposait la vieille dame, personne ne s'y est opposé. Il est fort probable que l'enfant n'avait pas compris que sa grand-mère était morte. Lui interdire l'accès de cette chambre où il avait tant joué, sans pouvoir lui en expliquer clairement les raisons – il était trop jeune pour comprendre la signification de la mort –, l'aurait sans doute perturbé davantage.

Le temps n'est plus où l'on obligeait les enfants à embrasser les morts. Que de souvenirs angoissants et douloureux autour du visage rigide et glacé... Aujourd'hui, on incite vivement les parents à accompagner leurs enfants auprès du mort, si ceux-ci le souhaitent. On leur recommande également de tenir la main de l'enfant au moment où il touchera – si telle est sa volonté – le corps du défunt, ou encore de le porter dans ses bras. C'est l'assurer, dans son contact avec la mort, de la chaleur et de la présence de la vie qui n'a cessé autour de lui. Un enfant ne pourra aborder le deuil que s'il est confronté à la réalité de la perte. Dans l'ensemble, les enfants affichent une attitude beaucoup plus naturelle que la nôtre dans notre relation à la mort. Leurs questions sont simples, directes. Mais la plupart du temps, nos réponses sont confuses, empêtrés que nous sommes dans nos propres difficultés à aborder ce problème.

Un jour qu'il regardait un film à la télévision, mon plus jeune fils, alors âgé de quatre ou cinq ans, fut bouleversé de voir des Indiens tués par des cow-boys. Je dus lui expliquer les artifices du cinéma et l'assurai qu'une fois la scène terminée, les Indiens se relèveraient, bien vivants. Quelques années plus tard, alors que je déplorais la mort réelle d'un personnage célèbre annoncée à la télévision, il me rassura en me retournant mon explication sur les Indiens qui « meurent pour de faux ». Expliquer la mort aux enfants n'est pas simple. Je crois que le mieux, dans un premier temps, est de répondre aux questions qu'ils posent, quand ils les posent, avec la plus grande simplicité.

MORT D'UN PARENT ÂGÉ, DEUIL DES ADOLESCENTS

La mort de grands-parents âgés peut être, pour l'adolescent, une manière d'aborder le problème de la disparition et d'en parler avec lui. A une époque où les jeunes gens sont confrontés à des morts violentes telles qu'accidents de voiture ou suicides d'amis de leur âge, le décès d'un grand-parent paraît encore la manière la moins traumatisante d'envisager une question qui, sans aucun doute, les bouleverse.

Durant l'adolescence, on meurt à son enfance pour naître à l'âge adulte. Période de mutations intenses, physiques autant que psychiques, moments d'affrontement au sein de la famille, souvent peu encline à surmonter elle-même la perte de l'enfant qui, jusque-là, lui appartenait. La confrontation avec le monde extérieur ne peut plus être éludée – copains, premières amours, lycée et orientation, choix d'un métier dans une société en pleine mutation –, autant de voies à repérer et à choisir, entre lesquelles l'adolescent se sent perdu. Que d'espérances et de renoncements, que d'ambition et d'angoisse, que de fragilité et de force toutes neuves ! Aborder la mort et le deuil pendant cet âge difficile relève d'un véritable défi. C'est pourquoi, lorsque survient dans une famille la mort d'une personne âgée, il importe que l'adolescent, tout comme l'enfant, y soit confronté. Bien entouré, traité comme un adulte à part entière, il devrait, « grâce à » ce premier deuil, mieux assumer ceux qu'il ne manquera pas de vivre plus tard. Lui permettre de voir le corps s'il le souhaite, accepter qu'il pleure, l'écouter parler de son chagrin, ne pas hésiter à lui confier sa propre peine, solliciter son avis quant au déroulement de la cérémonie, ne pas lui reprocher les apartés et les rires avec ses camarades, l'inviter régulièrement au cimetière sans en faire une obligation : autant d'attitudes qui l'aideront dans ce passage difficile. N'oublions pas qu'à travers ce deuil, c'est sa propre histoire qu'il vit et son propre avenir qu'il trace. L'accompagner avec amour et patience, se poser en face de lui comme un interlocuteur disponible et fiable sont les seules attitudes, à mon sens, que tout adulte se doit d'observer devant un adolescent qui vit le deuil d'un grand-parent.

MORT D'UN PARENT JEUNE, DEUIL DE L'ENFANT

Longtemps, la règle a été de ne pas troubler les enfants avec l'idée de la mort, sujet sinistre et déplacé, qui risquait de les angoisser au-delà du supportable. De toute mon enfance, je n'en ai jamais entendu parler. Lorsqu'il nous arrivait, en voiture, de voir un hérisson mort au milieu de la route et de le montrer du doigt, mon père nous reprenait, catégorique : « Ce n'est pas un hérisson mort, c'est un vieux chiffon. » Quelque cinquante ans plus tard, alors que nous regardions tous deux un album de photos, je le vis en retirer une pour la dissimuler. Je la lui repris et découvris mon oncle, décédé dix ans plus tôt, sur son lit de mort. Chez nous, le sujet est toujours demeuré tabou, même à l'âge adulte. Quelle place pour le deuil, dans une famille qui occulte ainsi l'autre versant de la vie ?

On peut se demander, à juste titre, de quelle manière un bébé qui vient de perdre sa mère pourra en faire le deuil, comme un enfant de dix ans. Des analystes tels que Françoise Dolto[1], Caroline Eliatcheff[2], Didier Dumas[3] et tant d'autres insistent sur la nécessité de dire la mort à l'enfant, quel que soit son âge. Il ne s'agit pas, bien sûr, comme cela se voit hélas trop souvent, de se camper en face de l'enfant et de lui asséner une vérité qu'il n'a pas demandée et qu'il n'est pas prêt à entendre. Les analystes, mieux que quiconque, savent repérer les moments où l'enfant est en demande d'une vérité qui lui appartient autant qu'à l'adulte et qui l'aidera à surmonter le traumatisme de la perte.

Tous les enfants en deuil ne sont pas forcément suivis par un psychologue ou par un analyste. La famille peut très bien assumer ce rôle de transmission de la vérité, puisque c'est avant tout un acte d'amour et de reconnaissance vis-à-vis de ce « petit » dont on croit trop souvent qu'il ne comprend rien, mais qui occupe, ne l'oublions pas, la place d'un individu à part entière au sein de sa famille. Il en est membre au même titre que les autres, quel que soit son âge. Et vouloir le protéger en lui cachant une histoire qui lui appartient

1. Françoise Dolto, *Tout est langage*, éditions Vertige-Carrère, 1987.
2. Caroline Eliatcheff, *Vies privées*, Odile Jacob, 1996.
3. Didier Dumas, *L'Ange et le Fantôme*, éditions de Minuit, 1998.

revient à ne pas le reconnaître, à nier son existence. On pourrait dire qu'il meurt deux fois à lui-même, donc qu'il est deux fois en deuil de lui-même : une première fois en tant qu'enfant du parent disparu, une seconde fois en tant que membre de la famille survivante qui l'ampute d'une partie du roman familial. A ce compte, on pourrait tout aussi bien lui dire : « Je ne te reconnais pas suffisamment pour t'offrir cette part de notre histoire qui te revient. » Ou encore : « *Nous* savons, mais *tu* ne peux pas savoir », avec opposition des deux pronoms, si meurtriers dans leur différence, qui excluent du groupe celui que l'on juge « trop fragile », « trop petit » pour connaître, porter, intégrer une vérité qui est garante de sa vie, de son bonheur futur. Et, tout simplement, de sa survie.

Entre la naissance et l'âge de neuf ans, la perception de la mort par les enfants évolue approximativement de la façon suivante.

De zéro à deux ans, l'enfant ne peut conceptualiser la mort. Il ressent néanmoins la situation tragique qui l'environne. S'il n'y est pas associé, s'il n'est pas rassuré à l'aide de gestes tendres, de paroles, de temps passé avec lui, il conservera une angoisse diffuse de ce premier contact avec la mort, même s'il ne la comprend pas encore.

De trois à cinq ans, l'enfant fait la différence entre l'animé et l'inanimé. Une vague notion peut intervenir quant au sens du mot « mort », auquel, confusément, il relie le chagrin, la tristesse.

A partir de six ans, le concept de la mort demeure encore flou. L'enfant commence à comprendre ce qu'elle est, mais n'a aucune conscience de son caractère irréversible et universel. Il la perçoit comme étant liée à l'âge et pense que l'« on meurt quand on est vieux ». Il ne sait pas qu'il est mortel.

A partir de sept ans, les notions d'irréversibilité se précisent ; l'enfant commence à imaginer qu'il mourra peut-être un jour, ou au contraire affirme qu'il ne mourra jamais, ce qui est une réaction à l'angoisse, importante parfois, que l'idée de mort commence à susciter en lui.

A huit ans, le concept de mort se précise. L'enfant comprend que la mort est irréversible et la notion d'universalité est en voie d'acquisition. Il s'intéresse à ce qui se passe après la mort.

De neuf à douze ans intervient la prise de conscience complète et totale du caractère inévitable, irréversible et universel de la mort. L'enfant accepte le fait qu'il mourra plus tard, lorsqu'il sera très vieux car, pour lui, la mort est encore réservée aux gens âgés. Une approche toute particulière doit être élaborée s'il vient à perdre, à cet âge, un proche jeune, cette perte risquant d'entraîner pour lui une pathologie sérieuse.

Bien sûr, cette gradation dans la perception de la mort n'est pas figée. Certaines familles, qui ont subi de nombreux deuils et dans lesquelles la mort, plus qu'ailleurs, demeure un sujet tabou, seront plus angoissées que d'autres. Il y a de fortes chances que les enfants, en proie à cette angoisse qu'ils ressentent et dont ils souffrent, aborderont les différentes approches de la mort avec une plus grande sensibilité, voire de l'anxiété. D'autres familles, plus équilibrées et qui n'ont pas vécu de pertes traumatisantes, pourront mieux cerner les questions que leur poseront leurs enfants sur la mort et y répondre. Celle-ci sera abordée de manière plus naturelle, donc plus constructive. Ce n'est, de toute manière, jamais un sujet joyeux, son enseignement le plus simple demeurant que toute vie implique une fin et que nul ne peut vivre sans accepter qu'il mourra un jour. La meilleure manière d'y amener les enfants avec douceur et sans trop d'angoisse est de répondre à leurs questions sans porter de jugement. Il convient également de ne pas trop s'interroger sur les motivations de l'enfant, ni de décider qu'il est trop jeune pour obtenir « la vraie réponse ». Dès lors qu'il s'interroge, il est parfaitement en mesure d'entendre et de comprendre. L'adulte, dans ce cas, joue un rôle très important. En le choisissant comme interlocuteur, l'enfant l'investit considérablement : il le reconnaît comme celui qui va savoir répondre et qui lui offrira la vérité. S'il ne le fait pas, l'adulte se déconsidère aux yeux de l'enfant qui ne risquera plus sa confiance auprès de lui.

Je suis souvent en contact avec des femmes qui travaillent à domicile, auprès d'enfants venant de perdre l'un de leurs parents, la plupart du temps leur mère. C'est pratiquement toujours la même histoire. Le père, jeune, s'isole dans son chagrin, ignore ses enfants à qui il oppose un silence farouche sur le drame qu'ils vivent. Ces employées, en contact permanent avec les enfants, ne savent comment réagir à leurs tentatives d'apprendre la vérité. Car les enfants savent : la maladie, l'hôpital, les pleurs, les chuchotements, leur court séjour dans la famille ou chez une voisine. Ils ont tout compris, sauf qu'ils n'ont pas accès à la vérité. Une vérité dure, certes, mais qui les blesserait moins que le grand silence qui se fait et que l'on entretient autour d'eux. Les grands-parents, eux-mêmes frappés par la douleur de la perte, s'installent la plupart du temps dans ce non-dit. Se retrouver en face de ces petits qu'ils aiment, avec la désagréable mission de leur annoncer la mort de leur mère, leur paraît au-dessus de leurs forces. En réalité, c'est l'enfant qu'ils ont été que les survivants refusent de tuer en eux. C'est leur propre approche de la mort qui les empêche d'agir normalement et de dire en substance : « Votre maman est morte, elle ne reviendra jamais. Elle est au cimetière, nous irons sur sa tombe demain. » Le plus souvent, l'enfant a été préparé à entendre ces mots. La maman a été malade, ils sont allés à l'hôpital, on leur a déjà laissé entendre qu'elle allait mourir et qu'ils ne la reverraient plus. Pour que la disparition du père ou de la mère soit intégrée par l'enfant, avec le moins de risques, c'est bien avant le décès que le travail doit se faire. Il faut dire la maladie, expliquer qu'un jour maman cessera de bouger, de leur parler, de rire avec eux, qu'elle sera placée dans un cercueil – une boîte en bois – et menée au cimetière. Qu'une pierre recouvrira sa tombe, sur laquelle chacun ira déposer des fleurs. Et que la vie continuera en parlant d'elle, en se souvenant d'elle, même si elle n'est plus là.

Dans *Tout est langage*, Françoise Dolto insiste sur l'importance des derniers contacts entre le parent mourant et ses enfants : « Ils ont ce destin-là, il faut qu'ils sachent l'assumer[1]. » Plus loin, elle donne l'exemple de ce que l'on peut dire à un enfant dont la mère va mourir : « Tout le temps que tu as encore ta mère, profites-en pour savoir d'elle tout ce qu'une fille doit savoir, et dis-lui que tu sais qu'elle est très malade. Parle-lui. » Et elle ajoute : « Les mères sont très soulagées quand elles peuvent parler pour de vrai à leurs enfants de leur maladie. Surtout quand elle approche de la mort, une mère est très angoissée de ne pas avoir donné son viatique de mère à son enfant-fille, ou de père à son enfant-garçon. Il faut aider l'enfant à se préparer, qu'il y ait ces colloques profonds sur les vœux futurs et la direction que la mère voudrait voir sa fille prendre, que le père voudrait voir son fils prendre dès qu'il ne sera plus, et qu'il se sente assisté par-delà la mort de ce père, ou par-delà la mort de cette mère, à conduire sa vie dans une direction non contradictoire au désir de celui qui, malheureusement, est mort avant que son enfant ne soit devenu jeune homme ou jeune fille. »

Il est également important d'utiliser les mots justes, même si *nous croyons* qu'ils font mal : ainsi, il vaut mieux dire « mourir » au lieu de « quitter » ou « partir », verbes qui laissent entendre à l'enfant que maman peut revenir. Chaque enfant vivra cette réalité selon ses ressources, selon son âge aussi. L'enfant a besoin de toute son énergie pour grandir, il ne peut donc s'investir tout entier dans le travail de deuil, qu'il va différer. Il ne faut ni s'étonner, ni s'inquiéter lorsque nous voyons un enfant en deuil jouer à l'enterrement, tuer des mouches,

1. Françoise Dolto, *op. cit.*

parler à voix basse au père ou à la mère qui vient de mourir, ou attendre son retour. Cela peut durer de long mois. Souvent, les adultes s'affolent en voyant ou entendant de telles choses, alors qu'elles sont naturelles. L'enfant utilise les ressources qui lui sont propres pour surmonter son traumatisme. Laissons-le réagir sans porter de jugement, sans lui poser de questions, sans le gronder ou lui reprocher un comportement qui nous échappe. En revanche, soyons disponibles et répondons, clairement et simplement, à toutes les questions qu'il pose, même si la discussion nous paraît cruelle, voire irréelle.

L'enfant vit son deuil au même titre que sa famille. Au traumatisme de la perte viennent s'ajouter d'autres réactions, questionnements qui, si les adultes n'y prennent garde, risquent de le jeter dans un profond désespoir. N'oublions pas qu'il aime ceux qui pleurent autour de lui, qu'il les voit souffrir et que cette souffrance lui est insupportable. Un enfant qui vient de perdre l'un de ses parents se sent toujours responsable de cette mort. Quel enfant, dans un accès de colère, n'a pas souhaité la disparition du parent qui l'empêchait d'agir à sa guise ? Et voilà que c'est arrivé, il (elle) est mort(e) ! Il se croit à l'origine de ce malheur et cherche à protéger son entourage, mis en péril par sa faute. Il lui faut être grand et fort pour soutenir les autres qui souffrent. Mais d'autres angoisses viennent l'assaillir car il n'est ni grand ni fort, il le sait, surtout dans ce moment particulièrement difficile : si le père ou la mère survivante venait à mourir à son tour, qu'adviendrait-il de lui et de ses frères et sœurs ? qui les élèverait ? qui les aimerait ?

Le caractère de l'enfant risque de changer : cauchemars, agressivité, violence, instabilité qui agacent ou inquiètent l'entourage. Les résultats scolaires s'en ressentent : pour qui, pour quoi travailler ? Souvent dans la journée, l'enfant songe au disparu avec lequel, même s'il a compris qu'il était mort, il continue d'entretenir une relation. Sachons en tenir compte, même si l'école fait peu de place aux enfants rêveurs…

On le voit, l'enfant en deuil se retrouve la proie d'angoisses particulièrement pénibles à assumer. Comme il arrive bien souvent que le parent survivant, voire la famille tout entière, soient fragilisés au point de ne pouvoir assurer le soutien de l'enfant, il est souhaitable qu'une aide extérieure – psychologue, analyste, médecin – soit sollicitée pour qu'un travail de deuil soit entrepris en commun. Cependant, avant même d'avoir recours à des spécialistes, il est important de dire clairement à un enfant que *la mort est la fin de la vie* ; une fin définitive, sans espoir de retour. Dans certaines familles pratiquantes, on évoquera le Paradis, où tout le monde se retrouvera un jour. Dans d'autres, on privilégiera le souvenir du mort, et tous les bons moments qui y sont attachés. Il est important de louanger le parent décédé qui, aux yeux de l'enfant, a été dévalorisé par la mort. Sa toute-puissance, qui en faisait un être à part, plus beau, plus grand que tous les autres, a volé en éclats. Il convient de la rétablir. J'ai entendu un père dénigrer son épouse décédée devant ses enfants. Il l'accusait d'avoir été dépensière et se plaignait de ne pouvoir leur offrir, par sa faute, ce qu'ils lui réclamaient. Chaque fois qu'il leur donnait un cadeau ou leur achetait un objet de valeur, meuble ou vêtement, les enfants, après quelques heures, l'avaient détérioré.

Il faut encore dire à l'enfant endeuillé *qu'il n'est pas responsable de la mort du parent décédé*, même s'il a été désagréable avec lui, même s'il a souhaité, dans des moments de colère, sa disparition ; *que sa vie d'enfant continue*, qu'il ne va pas mourir à son tour, ni lui, ni le parent survivant, ni ses frères et sœurs ; *que ses crises de larmes, ses moments de désespoir, ses colères sont des réactions normales*, que son entourage les comprend et ne lui en tient pas rigueur ; *qu'il va continuer à vivre* et à être aimé et protégé par sa famille.

MORT D'UN PARENT JEUNE, DEUIL DE L'ADOLESCENT

L'adolescence est la période de toutes les crises. L'enfant meurt à lui-même et commence à revendiquer la vie de jeune adulte qu'il n'est pas encore. En pleine mutation, il doit affronter ce que les analystes appellent la « seconde crise œdipienne », ce passage de quelques années qui rapproche la fille de son père et le fils de sa mère, jusqu'au renoncement à ces amours juvéniles et au réinvestissement dans une vie d'adulte autonome. Période difficile où le sentiment d'impuissance, les confrontations, l'impression de ne jamais être compris, encore moins aimé, se taillent une large part. C'est l'âge où l'on revendique une entière liberté, alors que l'enfant, en soi, n'a pas tout à fait renoncé au confort de la dépendance. C'est l'âge où, plus que jamais, on a besoin de ses parents, dont la présence et le modèle aident à se structurer, à se construire et à aborder ce monde des adultes à la fois désiré et redouté. Pas facile de rejeter la tutelle des siens pour grandir, alors qu'on n'a pas renoncé à se réfugier dans les bras de ses parents. Age cruel, où l'on se sent incompris, mal-aimé, voire laid dans un corps que l'on aurait souhaité plus grand, plus carré, plus potelé ou moins ingrat. En un mot, parfait. Or personne ne trouve parfait cet enfant en pleine évolution. Ses désirs ne correspondent pas aux rêves de ses parents, ni ses résultats à l'ambition de ses professeurs. Il avance avec la désagréable impression de déplaire à tout le monde, d'être rejeté de tous.

Dans de telles conditions, comment affronter une perte, comment vivre un deuil si la mort vient à frapper ? Avec ses débordements tumultueux, l'adolescence est plus le temps de la vie que celui de la mort. Pourtant, elle est période de deuils intenses dans ses renoncements, ses changements, son évolution. Comme l'enfant, l'adolescent qui vient de perdre un parent jeune devra être suivi. Il a droit à l'entière vérité, sans aucune fioriture. L'évitement – dans le but de protéger – est toujours plus difficile à vivre, quelle que soit la nouvelle à annoncer.

Françoise Dolto a relaté l'histoire d'un fils dont le père s'était suicidé. Le jeune homme soupçonnait la vérité, mais sa mère ne pouvait se résoudre à la lui révéler. « Cela aussi, elle devait le lui dire », s'exclame Dolto, selon qui la mère aurait dû expliquer : « Écoute, moi je ne suis pas capable de te dire comment ton père est mort, cela me fait trop mal. Va voir la voisine, va voir ta tante, elles savent et elles te diront. Moi, je ne peux pas[1]. » Même la souffrance et la fragilité de l'adulte qui, censé protéger, ne le peut car il ne s'en sent pas capable, il faut les dire aux enfants et aux adolescents. Ils les devinent de toute façon. Tenter de leur dissimuler ces « faiblesses » ne fait que renforcer leur angoisse. Il est important que l'adulte se révèle à la fois fort, bien sûr, mais aussi vulnérable, « comme tout le monde ».

Il arrive que le conjoint survivant s'approprie toute la place dans un deuil. *Il* a perdu celui ou celle qu'*il* aimait, *il* souffre, *il* se sent seul, abandonné, *il* doit être entouré. Seul compte *son* désespoir. Il se désigne, d'ailleurs, comme *le* survivant. Il ne faut pas oublier que le défunt appartient aussi à ses enfants et que chaque enfant a besoin de vivre cette déchirure. C'est pourquoi il est souhaitable que l'adolescent participe aux formalités qui entourent le décès de son parent : veillée ou visite au lit mortuaire, mise en bière. Cela lui permet de vivre la rupture, de commencer à l'intégrer. Beaucoup d'adultes refusent cette participation, pensant protéger l'adolescent contre une trop grande souffrance. Il n'en est rien. Si ces moments sont particulièrement déchirants, ils ont leur importance dans le travail de deuil. Lui permettre cette approche, ce cheminement, c'est l'accepter comme endeuillé à part entière, lui attribuer *sa* place dans le roman familial. Il devient le partenaire reconnu d'un long et dur travail à accomplir ensemble. Attitude nécessaire, voire indispensable, car il semble que la durée du deuil chez l'adolescent soit plus longue et plus pénible que chez l'adulte. Il n'est pas rare que certains

1. Texte cité de mémoire.

adolescents, confrontés au silence, voire à l'indifférence de leur entourage, se suicident.

Jean Monbourquette[1], théologien, psychologue et conférencier, a bien souligné les résistances que peut rencontrer un adolescent à vivre le chagrin lié au deuil. L'adolescence est le temps de la vie en groupe, de la reconnaissance par les pairs. Les émotions doivent être maîtrisées, les sentiments tus, de crainte d'être exclu du groupe. Il convient également de se montrer fort, d'assumer « comme un homme » les coups durs de la vie. Dévoiler sa vulnérabilité signifierait un retour aux faiblesses de l'enfance. Or l'adolescent se veut adulte. Il trompe son monde en affichant une apparente solidité, une sérénité qu'il est loin de ressentir. Il va jusqu'à repousser l'aide qu'on lui offre, en affirmant qu'il n'en a pas besoin. Il affiche la même indépendance affective au sein du groupe familial, notamment vis-à-vis de ses parents qui, trop affectés, ne songent pas à le consoler et vont même jusqu'à rechercher en lui le soutien dont ils ont besoin. Investi de ce rôle, l'adolescent ne peut entreprendre son propre travail de deuil. Sa souffrance s'exprime à travers des comportements compulsifs qui, souvent, surprennent son entourage.

Ainsi, le chemin des enfants et des adolescents confrontés à la mort d'un parent jeune est un chemin de grande souffrance et de grande complexité. Ils ne s'en remettent jamais complètement. Une anxiété persiste

1. Jean Monbourquette, *Deuil et Accompagnement*, 18e congrès, « Les groupes de deuil pour les jeunes », Société française de thanatologie, 1996.

tout au long de la vie quant à la menace permanente de la mort. C'est un peu comme si l'être frappé trop jeune par un deuil tenait ce discours : « Puisqu'elle a frappé une fois alors que ce n'était pas l'heure [pour le jeune, la mort est synonyme de vieillesse], qui m'assure qu'elle ne va pas me surprendre une seconde fois ? » Ceux qui n'ont pas subi, jeunes, le traumatisme du deuil peuvent vivre sans crainte de l'affronter. Pour les autres, qu'ils aient ou non fait leur travail de deuil, ce sera sûrement beaucoup plus difficile.

FRANÇOISE

Françoise est une amie de pension avec qui j'entretiens toujours une relation suivie. Elle avait treize ans lorsque sa mère est décédée dans un accident de voiture. Elle n'a pas vu son corps avant l'enterrement. Son père, directeur d'usine en Sarre, s'est très vite remarié. Il lui rendait visite chaque quinzaine au pensionnat où nous suivions nos études et la couvrait de cadeaux. A chacune de nos rencontres, nous échangeons à bâtons rompus sur nos souvenirs d'enfance, nos vies d'adultes et nos enfants. Françoise nourrit une grande anxiété dont nous savons toutes deux qu'elle a pour origine la mort subite de sa mère, qu'elle évoque toujours avec beaucoup d'humour : « Il suffit qu'il y ait un accident d'avion sur la ligne Paris-Tokyo pour que je m'interdise d'aller jamais au Japon. Si la presse rapporte une agression dans un train de nuit, je sais que je ne voyagerai plus jamais que de jour ! J'ai l'impression que tout peut m'arriver, tu comprends ? Il se passe la même chose avec les mots. Chaque fois que j'entends prononcer le mot "perte", je panique. Il m'est arrivé, comme à beaucoup de mères, d'égarer l'un de mes enfants alors que je faisais des courses dans un grand magasin. Dans ces cas-là, je m'affole. Je sais pourtant qu'il me suffirait de le rechercher calmement, éventuellement de faire un appel ; au contraire, l'angoisse me submerge et je ne me contrôle plus. Je suis saisie du besoin fou de le voir tout de suite, de le toucher, de sentir qu'il est bien là. C'est pareil à la piscine : je nage sans les perdre de vue ou je me poste sur le bord pour scruter le fond de l'eau. Comme il y a toujours beaucoup d'enfants, il m'arrive de ne plus les voir. C'est normal, je le sais. Mais je panique encore une fois ! Je vais chercher le maître nageur, qui rit en me promettant de les retrouver. Le temps de nous retourner, les enfants réapparaissent en me hélant à grands cris. Et les sports d'hiver ! Les remonte-pentes, pour les petits, sont tout ce qu'il y a de plus fiable. La première fois que mon aîné en a emprunté un, il aurait fallu évacuer les autres enfants, fermer la piste, prévoir les secours... alors qu'il ne risquait absolument rien. Mais j'avais beau m'en convaincre, je ne parvenais pas à me maîtriser.

» Le moindre retard, de mon mari ou des petits, c'est un accident ! Le plus pénible, dans ces cas-là, est de ne pouvoir les joindre, de ne pas savoir où ils sont. Il arrive parfois que quelqu'un de notre entourage soit victime d'un accident mortel. Eh bien ! j'ai envie d'interpeller toux ceux qui me jugent trop anxieuse pour leur dire : "Vous voyez bien que cela arrive et que j'ai des raisons de m'angoisser !" Je n'ai jamais pu me défaire de l'idée que la vie est un chemin tortueux, dont je dois me méfier comme de la peste. Tout cela, les enfants le sentent ! Ils devinent ma peur. Et je me dis parfois qu'à vouloir les empêcher de vivre, je cherche en quelque sorte à les empêcher de mourir... Drôle de paradoxe, n'est-ce pas ? »

Françoise a raison. Heureusement, ses enfants sont solides et se chargent, souvent, de la taquiner, voire de la rabrouer, elle et son anxiété. Ce qu'elle prend très bien. Elle devrait peut-être leur expliquer qu'un jour, alors qu'elle ne s'y attendait pas, elle n'a plus vu sa mère. Qu'elle a cessé brusquement de pouvoir l'approcher, la toucher, l'embrasser. Et qu'une partie d'elle-même n'a sans doute jamais compris ni admis que l'on pouvait disparaître, tout d'un coup, de la sorte.

LA DÉPRESSION CHEZ LES ENFANTS ET LES ADOLESCENTS EN DEUIL

Il est important de ne pas négliger des pleurs trop fréquents, des silences trop profonds, une tendance à se replier sur soi-même, des accès de violence, une fugue, un besoin permanent de défier, de se mesurer, sous prétexte que l'enfant est en deuil et que « cela, après tout, est normal ». Ne pas repérer à temps un état dépressif peut avoir de graves conséquences, voire mener au suicide. Même si elle n'aboutit pas à ce cas extrême, la dépression et la souffrance qu'elle suppose doivent être prises en compte et soignées. C'est un gage pour l'avenir de l'enfant endeuillé ; encore une fois, c'est le respecter et le reconnaître dans son statut de jeune personne en difficulté. On a si longtemps cru – certains le croient encore – que les enfants ne souffraient pas, ni physiquement, ni psychiquement. Il convient d'en finir avec cette manière barbare d'aborder le problème. Les injonctions des adultes, notamment de mon père, sont toujours cuisantes dans mon esprit : « Ne t'observe pas, ne te prends pas au sérieux, tu n'es pas la seule à souffrir, ne sois pas si douillette, pense aux autres, lève la tête, regarde haut et loin… »

La dépression prend souvent des formes inattendues : se cogner systématiquement, se brûler, se couper, trébucher et tomber sans raison, lâcher ce que l'on tient sont autant de signaux traduisant un profond désarroi intérieur. La parole est salvatrice : dire la peine, les remords, la douleur, permet d'endiguer puis de maîtriser le traumatisme de la perte.

Dans les écoles, les lycées, les jeunes endeuillés sont encore trop souvent laissés à l'abandon. Leurs professeurs et leurs camarades ne sont pas mieux lotis, puisqu'ils subissent une part de ce traumatisme sans pouvoir l'affronter. Il serait souhaitable, dans notre société qui se veut à la fois moderne et humaine, que les enseignants soient formés à l'accompagnement de l'enfant endeuillé. Qu'ils se rassurent, c'est peu de chose ! Évoquer ce qui arrive, tout d'abord, c'est-à-dire prendre en compte et reconnaître, même durant quelques minutes, la souffrance de l'élève blessé. Puis, répondre aux questions et à l'angoisse des autres élèves. Ici, des associations extérieures aux établissements scolaires peuvent prendre le relais. Leurs interventions sont d'une importance capitale en cas de décès d'un élève. Il n'est plus admissible d'abandonner une classe à sa détresse, uniquement parce que le monde des adultes ne se donne ni le temps, ni les moyens de communiquer. Certains enseignants s'y emploient, et c'est tout à leur honneur. D'autres ignorent comment s'y prendre – ce qui peut se concevoir –, et c'est dommage pour ces jeunes, traumatisés si tôt par la mort.

LE DEUIL INTERDIT : DOUCE MÈRE, DOUCE AMÈRE...

C'est toujours un vivant que pleurent les endeuillés, celui qu'ils ont connu et aimé, qu'ils regrettent et dont ils savent qu'ils ne l'oublieront jamais.

Avant d'évoquer ici une nouvelle fois le deuil de ma mère[1], il me faut la faire revivre en quelques pages.

Tout opposait mes parents lorsqu'ils se rencontrèrent. Elle était issue de la terre, il appartenait à une famille de la bourgeoisie. Elle était catholique, il était protestant. Elle était toute petite et brune, il était de grande taille et blond. Elle était douce, un peu timorée, il était vif, entreprenant et semblait ne rien redouter. Elle était française, il était de souche allemande ; son grand-père maternel, officier de carrière, était arrivé de Bavière en Alsace-Lorraine peu avant 1900 avec ma grand-mère, encore enfant.

1. Marie Ireland, *op. cit.*

On se berçait de tendresse et d'amour dans l'appartement noyé de soleil de mes grands-parents maternels. Mais dans l'austère maison de mes grands-parents paternels, entretenue avec une rigueur et une méticulosité toutes prussiennes, on aurait vainement cherché un peu d'affection. Il y en avait encore moins que de poussière. Notre éducation, tout naturellement, puisa dans la religion et dans la famille de mon père, lequel trouva en ma mère une alliée précieuse. Ils nous voulaient parfaits, polis, modestes, propres dans nos cœurs, nos corps, nos pensées et nos actes, et bons élèves. Aucune place pour le plaisir ou la fantaisie, déviances immédiatement repérées et corrigées. Ainsi, lorsque j'étais invitée à passer la soirée et la nuit chez une amie, ma mère me forçait à choisir entre la piscine de l'après-midi ou ma sortie du soir. Un jour que ma petite sœur de quatre ans s'était fait couper les cheveux, je m'émerveillai : « Comme elle est belle ! » Ma mère me reprit : « Elle n'est pas belle, elle est propre. »

Une sœur de ma grand-mère paternelle, Tiana Lemnitz, fut l'une des cantatrices les plus estimées de l'entre-deux-guerres. Elle vivait à Berlin. Elle a chanté dans le monde entier, notamment Wagner et Mozart ; nous écoutions ses disques à la maison. Cependant, personne ne l'évoquait jamais devant nous et il nous était interdit d'en parler : nous aurions pu en tirer quelque vanité.

J'appris, très tard, que ma grand-mère paternelle avait ses entrées dans la Haute Société protestante (HSP). Cela aussi nous fut caché : notre famille avait tout du meuble à tiroirs secrets ! Sous son apparente douceur, ma mère dissimulait une volonté d'acier. Cela n'empêchait ni la tendresse, ni les fous rires, ni même une complicité qui, par moments, nous unissait dans de doux rapprochements.

La fin des années 50 n'était guère facile pour les filles, que leurs mères façonnaient à leur image ; très souvent, mes désirs d'adolescente se heurtèrent à des interdits que je ne lui reconnaissais nullement le droit de m'imposer ! Que d'orages entre nous ! J'étais rebelle, ombrageuse et volontaire, intimement convaincue que mon existence n'appartenait qu'à moi ! D'autant plus que ces années d'après-guerre nous offraient – du moins le croyais-je, du haut de mes treize ans – un monde de paix nouveau, fantastique, dans lequel il ne restait qu'à œuvrer fougueusement pour le bonheur de l'humanité. La vie s'ouvrait large et belle, je voulais tout découvrir, tout connaître, tout comprendre et… tout changer ! On évoquait les kibboutz en Israël ? J'irais contribuer à la construction de cet État ! Le docteur Schweitzer, éminent pasteur protestant, avait besoin d'aide en Afrique ? Je le rejoindrais ! Les prêtres-ouvriers quittaient leurs églises pour s'occuper des plus démunis ? Tant mieux ! Jacques Fesch était mort sur l'échafaud ? Une honte ! Il fallait que ces mœurs barbares disparaissent ! Ma mère, inquiète, me jugeait exaltée. Elle m'aurait voulue plus sage, appliquée, moins revendicatrice, attachée aux nobles tâches du foyer : vaisselle, raccommodage, ourlets, chaussettes à repriser, toutes choses que j'exécrais !

« J'ai rangé ton armoire, m'annonçait-elle lorsque je rentrais de l'école. J'ai nettoyé ton vélo, il était si sale. » Ces incursions dans mon univers me culpabilisaient. Je la savais lasse de s'occuper de sa maison, de son mari et de ses quatre enfants. Et puis, c'était *mon* vélo, *mon* armoire ! Pour gagner un semblant de paix, je lui promettais de recoudre l'ourlet d'une jupe bleu marine. La première bobine sur laquelle je tombais était de fil vert et j'imaginais que personne ne s'en apercevrait ! C'était la première chose qu'elle remarquait.

Se référant à sa propre mère, érigée en modèle de vertu et de devoir, mon père soutenait les efforts de ma mère, provoquant en moi révoltes et rancœurs. Et comme l'inconscient ne fait jamais dans la dentelle, j'ai souvent dû souhaiter que tous – parents, grands-parents, famille tout entière ! – disparussent de ma vie, de manière simple et irraisonnée, comme font les adolescents lorsqu'une situation leur devient trop pesante : « Ah ! s'ils étaient morts, je pourrais vivre à ma guise ! » Ce souhait innocent se mue en drame lorsque les drames de la vie se chargent de le réaliser.

Nos loisirs étaient également très encadrés. La famille de mon père avait assidûment fréquenté les Éclaireurs unionistes (protestants), et nous-mêmes fûmes inscrits aux Éclaireurs de France (laïques). A d'autres moments, nos parents organisaient des parties de pêche ou des baignades dans les rivières et les lacs de la région. Les longues promenades en forêt nous étaient familières ; nous courions, avec les chiens, autour de nos parents qui devisaient à voix basse. Nous les sentions heureux, unis, et cela suffisait à notre bonheur. Il me reste également le souvenir ardent et chaud de nos retours d'école, lorsque nous poussions vigoureusement la porte d'entrée, jetions nos sacs dans le corridor et appelions notre mère à pleine voix, comme tous les enfants du monde. Elle paraissait, souriante, enveloppée d'une bonne odeur de pâtisserie ou de crêpes, parfum que j'associe toujours à son souvenir. De cette période, je garde la conviction que, pour l'enfant, mère et foyer, mère et maison, mère et intérieur sont intimement liés. L'un peut-il exister sans l'autre ?

Courant 1957, toute la famille déménagea d'Alsace à Paris. L'été 58 fut l'occasion d'un retour dans la région que nous regrettions tous. Nous devions camper au bord de l'étang de Mittersheim. Mes parents achetèrent une tente de belles dimensions qu'ils jugèrent très vite insuffisante pour nous tous. Mon père dessina un plan d'agrandissement. Ils achetèrent le tissu nécessaire et, chaque soir, durant une bonne semaine, tous deux bâtirent, sur la table de la salle à manger dont ils avaient tiré les rallonges, un vrai palais de toile. Mon père cousait à la machine tandis que ma mère, à l'autre bout de la pièce, tenait les lés assemblés en avançant lentement vers lui.

Notre habitation, légère mais spacieuse, fit son effet au milieu du pré où nous l'avions plantée. Nous n'en avions pas douté. Mon père choisit sa place au bord de l'étang, où il pêchait toute la journée, tandis que ma mère et moi nous chargions de l'intendance. Il se trouvait toujours un paysan pour nous vendre des légumes frais. Chaque matin, nous nous rendions au village. Tendres promenades au milieu des vergers. Instants rares où je disposais de ma mère pour moi toute seule : un privilège dans une famille de quatre enfants, tous aussi exigeants et turbulents les uns que les autres !

J'avais bien conscience que ce petit moment de paradis était également un temps de corvée : nous nous chargions des courses alors que mon frère et mes sœurs se baignaient et que mon père pêchait. Mais je ne m'en plaignais pas, puisque ma mère s'en accommodait. Et puis, il nous restait l'après-midi ; elle rejoignait alors mon père à la pêche et je pouvais nager à mon tour. Le reste de la matinée, nous équeutions les haricots, écossions les petits pois, pelions les pommes de terre, grattions les carottes. La chaleur était torride. Nous avions relevé un pan de la toile qui servait de salle à manger dans l'espoir d'avoir un peu d'air. De temps à autre, en levant les yeux, je voyais la sueur perler sur le visage de ma mère. Il arrivait que nos regards se croisent. Elle esquissait un sourire, mais demeurait silencieuse. Moi aussi. Je l'avais entendue, à plusieurs reprises, rêver d'un repas de crudités, avec du thon. Mon père préférant avec insistance les « légumes-frais-cuits-à-l'étouffée », personne n'en avait reparlé. C'est à moi qu'incombait d'allumer le feu, entre deux grosses pierres noircies de fumée, près de la haie. Tandis que ma mère achevait de laver les légumes, je me dirigeais en grommelant vers le tas de bois : il y avait sûrement des choses à revoir au royaume des parents ! Et comme je n'osais m'attaquer à l'image du couple qu'ils m'offraient, je concluais d'un : « En tout cas, moi, quand je serai mariée… » Lorsque midi sonnait à l'église du village, mon père arrivait, ses cannes sur l'épaule, suivi de mon frère et de mes sœurs dans leur maillot trempé. Dans l'air chaud flottait une bonne odeur de cuisine au feu de bois. Mon père s'en réjouissait. Le déjeuner était joyeux, la viande bien grillée, les légumes savoureux ; on évoquait déjà ceux du lendemain... Pendant que nos parents discutaient autour d'un café, mon frère et moi allions laver la vaisselle au bord du lac – au sable, pour ne pas polluer l'eau. A notre retour, mon père faisait la sieste ; ses ronflements s'élevaient dans l'air tranquille. C'est le moment que nous choisissions, mon frère et moi, pour partir à l'assaut de notre mère et de son paquet de cigarettes. Mon frère, plus charmeur, l'emportait et nous filions, tous deux, vers le chemin pour jouer aux grands. « Revenez, s'indignait ma mère en traversant le pré d'un pas rageur. N'allez pas vous exhiber avec ça ! » Nous lui obéissions. Elle était si petite, si pathétique dans ses colères que nous redoutions toujours qu'elles ne la détruisent.

C'est la maladie qui s'en chargea et la mort qui l'emporta. En huit mois, sans que nous eûmes le temps de comprendre ce qui nous arrivait.

Le lendemain de son enterrement, nous étions de retour en pension. Mon père nous y conduisit, mon frère Jean, ma sœur Dominique, qu'il venait d'inscrire dans notre lycée, et moi. Au moment de nous quitter, une scène brutale, violente, inattendue, fit voler en éclats la noble tenue qui nous avait été imposée les jours précédents. Levant les yeux vers mon père pour l'embrasser, je découvris qu'il pleurait. En silence, avec de grosses larmes. Ce fut comme une tornade. Notre petit groupe s'effondra pour se reprendre aussitôt. Nous passions maîtres dans l'art de nous contraindre. Nous nous disions en somme : « A quoi sert de pleurer et d'exposer sa peine ? La réalité est là, dramatique certes, mais irréversible. Rien ne sert de se lamenter, cela ne fera pas revenir notre mère. » Chacun redoutait autant le chagrin des autres que le sien.

La vie de pension reprit donc sans que nous puissions évoquer ce que nous ressentions. Les enfants en deuil effraient. On ne sait quoi leur dire ni comment les consoler. Les adultes les évitent, les fuient. Ou bien ils leur manifestent de l'attention, voire de la tendresse à tout propos, sauf pour l'essentiel : leur deuil. J'avais toujours voulu enseigner et il était convenu que j'entre à l'École normale d'institutrices à la fin de l'année. Un mois après la mort de ma mère, un inspecteur se présenta au lycée pour un entretien avec les postulantes. Je me revois toujours, recroquevillée sur une chaise en face de lui, une boule dans la gorge, lui parlant de la mort. Il en conclut que le métier que je m'étais choisi n'était pas fait pour moi. Si mon père comprit les raisons de sa décision, il n'en dit rien. Il se contenta de me rassurer, m'affirmant que je pourrais arriver à l'enseignement par d'autres voies. Ce qui s'avéra.

Le jour de l'enterrement, j'étais toute de noir vêtue. Mon père me complimenta et m'encouragea à continuer. Même mes maillots de bain, je les choisissais noirs. Mais ce n'était pas en signe de deuil, croyais-je : « La coquetterie et la compétition ne font pas bon ménage, me disais-je. Je choisis un maillot pour nager, non pour plaire. » Mon père applaudissait. Il me préférait volontaire, plutôt qu'attachée à des sentiments qui m'auraient ramenée à plus d'humanité, de sensibilité, de faiblesse – mais qui m'auraient permis de me pencher sur moi-même, de dire ma souffrance, de regretter mon adolescence saccagée et d'entamer mon travail de deuil.

Il faut dire que notre éducation nous prédisposait à surmonter notre peine sans jamais nous plaindre. Se surpasser, aller au-delà de soi-même était un modèle de vie auquel nous avions été habitués. En dehors de nos études, nous continuions de pratiquer le scoutisme, notre principal loisir. Les marches interminables, les baignades dans l'eau glacée, les nuits dans les greniers à foin, sous les sapins ou sous les rochers, les grands feux de camp, le soir, me plaisaient. Mon sac à dos était chargé plus que nécessaire et je regardais avec condescendance mes jeunes compagnes inaugurer l'ère du matelas pneumatique. Moi, je dormais à la dure ! Mes épaules meurtries par les bretelles de cuir et mon dos douloureux me convenaient parfaitement.

L'été 59 nous ramena au bord du lac de Mittersheim, mais notre « palais de toile » n'avait plus le même enchantement. Mon père, dont les nombreuses lettres nous avaient soutenus durant le dernier trimestre, supportait difficilement sa solitude. Il ne pêchait plus. Il ne devait plus jamais chanter, d'ailleurs, ces airs d'opéra qui ravissaient notre enfance, notre mère et... tout le quartier ! Je le vis, cet été-là, se lier d'amitié avec des hommes et des femmes de son âge. Même si elle appréciait une plus grande liberté – que nous vivions au fond de nous-mêmes comme un abandon –, notre fratrie pressentait que tout changeait, craquait, se modifiait. Les conséquences du grand séisme s'imposaient peu à peu. Les suites liées à la perte sont souvent aussi douloureuses que la perte elle-même. Nous allions devoir « faire avec ».

Une nouvelle année scolaire s'annonça. Ma sœur Élisabeth, âgée de cinq ans, vivait à Paris chez notre père, élevée par notre grand-mère maternelle. Mon père décida, cette année-là, de reprendre Jean, alors âgé de treize ans, avec eux. La cohabitation d'un père et d'un adolescent endeuillés complique encore le travail de deuil, surtout lorsque ce dernier ne se fait pas. D'un côté, un époux meurtri, un père soucieux, exigeant pour les enfants dont il a la responsabilité ; de l'autre, un adolescent en grande souffrance et que personne ne songe à écouter.

Depuis la mort de ma mère, mon père s'était mis à peindre, non sans un certain talent puisqu'il obtint, par la suite, plusieurs prix. A la maison, seule la musique classique était permise ; tout autre choix était jugé vulgaire, donc malvenu et carrément interdit ! Mais, tandis que mon père projetait sa douleur dans la peinture, Brel trouva grâce à ses yeux. Nous l'entendions souvent écouter « Ne me quitte pas ». Un dimanche matin, alors qu'il avait installé son chevalet, Jean refusa de se rendre au temple protestant, à six kilomètres de là. Bref affrontement entre le père fidèle à lui-même et le fils déstabilisé. Jean claqua la porte. Deux jours plus tard, il grattait le volet de ma chambre à Phalsbourg, à quelque cinq cents kilomètres. Il me raconta tout, précisant : « J'ai fait du stop pour venir jusqu'ici, je ne veux pas retourner à Paris. » « Mais… tu as mangé, au moins ? » Je me rappelle son sourire triste, un rien narquois : « J'ai trouvé des betteraves dans un champ. » Mon père, averti par mes soins, tint bon. Jean retourna à Paris. Pour peu de temps.

Mon père s'entretenait de tout avec nous, sauf de l'essentiel : notre mère. L'une de ses principales angoisses était de disparaître à son tour : « Je peux me tuer dans un accident de voiture. Que deviendrez-vous alors ? » C'est ainsi que naquit le projet d'acheter une maison pour nous, aux confins de l'Alsace bossue et de la Lorraine mosellane : « Vous seriez tous regroupés là-bas et, s'il m'arrivait quelque chose, vous ne seriez pas à la rue. »

Dans le gros bourg de Fénétrange, le grand-père paternel de mon père avait exercé durant quarante ans les fonctions d'instituteur, de traducteur juré au tribunal et d'organiste au temple protestant. Mon père y acheta une grosse maison rurale, avec jardin et vastes dépendances, dans laquelle nous emménageâmes. On sut tout de suite qui nous étions. Dès le début, les anciens du village nous accostèrent pour nous raconter leurs souvenirs d'enfants avec notre arrière-grand-père. Nous les écoutions. Nous nous sentions *re-connus*, déjà aimés. Cela nous réchauffait le cœur. Mon père repartit pour Paris. Seize mois après un décès qu'ils déniaient farouchement, les quatre enfants de ma mère entamaient une nouvelle vie, sous la bienveillante tutelle de leur grand-mère maternelle venue les rejoindre.

LA MAISON DU DEUIL

Dieu, que j'ai aimé cette maison ! Elle allait devenir le ventre dans lequel nous allions mûrir et naître à l'âge adulte. Dès notre arrivée, notre père inscrivit ses filles comme externes à Notre-Dame-de-la-Providence, pensionnat catholique situé à l'orée du bourg. Mon frère intégra le lycée de Sarrebourg. Continuer nos études dans un établissement catholique n'avait rien de choquant. L'Alsace est une région forte de ses traditions catholique, protestante et juive, intimement liées au cours de son histoire. C'est ce qui la fait si belle et si riche d'histoire.

Élisabeth, qui s'était installée dans l'absence de sa mère, sans avoir jamais entendu dire qu'elle était morte, s'inscrivit aux cours de danse et de piano. Mon père en conclut qu'elle n'était pas trop affectée. Il se trompait. De longues années plus tard, elle allait devoir revivre le traumatisme de la perte pour l'assumer enfin.

Dans un premier temps, mon père pria sa sœur, notre tante, de venir vivre avec nous. Elle était célibataire et porteuse d'une tradition à laquelle il était attaché. Elle refusa. Il se tourna donc vers notre grand-mère maternelle, mais, comme elle n'avait élevé qu'une fille, il s'inquiétait de sa capacité à mener quatre jeunes turbulents. L'éducation reçue de nos parents, reposant essentiellement sur un manichéisme pur et dur, nous avait maintenus dans un certain infantilisme ; l'un et l'autre devaient y trouver leur compte.

Avec la mort de notre mère, une partie de nous-mêmes avait vieilli brusquement, intensément, sans ces étapes nécessaires à toute maturation. Nous étions comme des petits vieux dans des corps d'enfants. A Fénétrange, nous nous retrouvions livrés à nous-mêmes. N'importe lequel d'entre nous aurait pu ressortir, une fois grand-mère endormie, et passer la nuit dehors. Mais nous refusâmes toujours de profiter de la fragilité de cette femme aimante et généreuse. Bien au contraire, nous en fîmes notre force. Elle pleurait souvent, enfermée dans sa chambre, lorsqu'elle se croyait seule dans la maison. Quand il m'arrivait de rentrer plus tôt du lycée, j'entendais ses plaintes. Je montais à l'étage, entrouvrais doucement sa porte et l'observais. Assise sur une chaise près de la fenêtre, un grand mouchoir sur son visage dont elle essuyait inlassablement les larmes, elle s'abandonnait au désespoir. Je refermais sans bruit et m'éloignais, consternée. Sa douleur me blessait, mais j'ignorais comment la consoler. Aucun de nos chagrins n'avait été semblable au sien, personne ne m'avait appris à écouter, à apaiser. Et puis, je redoutais d'exploser moi-même à trop m'approcher d'elle. J'étais trop jeune, trop vulnérable, j'avais besoin de me protéger.

Nous dûmes, durant toutes ces années, apprendre à évoluer de notre statut d'enfant à celui d'adulte. Jusque-là, il nous avait suffi de suivre le chemin que l'on nous indiquait. Habitudes, traditions, règles de vie étaient impulsées. Nous nous retrouvions tout à coup devant un grand vide. Il y avait tant de choses que nous ignorions. Quelques mois après notre installation, un beau matin d'octobre, ma grand-mère refusa de se lever. Intrigués, nous fîmes de nombreux allers-retours à sa chambre. Elle n'était pas malade, elle semblait plutôt bouder dans son lit. Il nous fallut maints conciliabules pour découvrir que ce jour était celui... de son anniversaire. Nous ne devions jamais plus l'oublier.

Nous apprenions à nous serrer les coudes, ce qui n'était pas facile tous les jours. Chacun de nous vivait la difficile période de l'adolescence, sans autre tuteur qu'un frère ou une sœur terriblement fragilisée. La chose fut assez aisée avec Jean, en qui je trouvai un frère affectueux, même s'il était celui qui, je devais le comprendre plus tard, souffrit le plus de ce deuil.

Dans les années 60, nous n'avions guère de loisirs dans nos villages. Le seul téléviseur avait fait son apparition dans l'un des cafés tenu par un sympathique aubergiste surnommé, à cause de son menton proéminent, « la Galoche ». J'avais dix-sept ans, mon frère quinze, et il était normal qu'il eût envie, certains soirs, de se distraire en regardant un film. Il l'aurait certainement exigé et peut-être obtenu de nos parents. Moi, je n'étais que sa sœur et j'étais angoissée par tout ce qui sortait du cadre routinier de notre vie. Un soir que la maisonnée était couchée, j'entendis la porte de sa chambre s'ouvrir et son pas décroître discrètement dans l'escalier, puis dans la rue. Je me rhabillai et sortis à mon tour. Comme je m'y attendais, il était assis au café, devant le téléviseur. Parmi les quelques villageois attablés discutant à voix basse, sous la tutelle paternelle de la Galoche qui lui servait de la limonade, Jean ne courait aucun risque. « J'arrive », chuchota-t-il en m'apercevant. Je ressortis pour l'attendre, puis, comme il ne venait pas, je repoussai la porte du café et me plantai au milieu des tables. Stratégie à laquelle il ne résista pas. Quelques secondes plus tard, nous remontions d'un bon pas vers notre maison. Sur mon épaule, il avait posé une main chaude et rassurante : c'était lui qui me ramenait au foyer.

Malgré une attitude aimante et affectueuse vis-à-vis de ses sœurs et de sa grand-mère, Jean suivit un chemin cahoteux. Il souffrait terriblement de cette chape de silence qui s'était abattue sur nos vies. Si ma mère n'était jamais évoquée, elle était partout présente, aussi bien dans la maison que dans ce deuil qui ne trouvait pas d'issue. L'armoire de la chambre de mon père contenait toujours ses vêtements, ses flacons de parfum, dernier cadeau de son mari, et ses brosses où se mêlaient encore ses cheveux. Il m'arrivait de surprendre mon père, qui revenait chaque fin de semaine, saisir ses robes à pleines mains et y plonger désespérément son visage. Une grande photo ornait la cheminée du salon, devant laquelle nous déposions des bouquets. Nous allions régulièrement au cimetière, mais plutôt par devoir que pour sacrifier aux rites de deuil, puisqu'il nous était interdit de pleurer, de nous lamenter, de regretter. De raconter la peine, les souvenirs, les remords. A vrai dire, nous ne nous sentions jamais aussi loin de notre mère que devant sa tombe.

Mon frère avait les yeux de ma mère, de grands yeux bruns, insondables. Un jour que j'animais une sortie d'Éclaireurs, j'observai les enfants pleins de vie et de joie autour de moi. Mon regard tomba sur Jean. Affalé au pied d'un arbre, le visage sombre et les yeux dans le vide, il lançait machinalement les cailloux à portée de sa main. Tout en lui reflétait une terrible souffrance. J'avais souvent soupçonné qu'il fût le préféré de ma mère. Je les avais surpris riant et complotant dans la plus parfaite entente. Normal, puisqu'il était son seul fils. Un fils dont mon père exigeait maintenant qu'il assumât sans faillir le rôle d'héritier du nom et de la tradition familiale.

Il se mit à sécher les cours. Au fil des mois, il déserta le lycée. Tout le monde, autour de lui, compatissait à son sort, avec des airs entendus et des mines confites.

Mais personne ne faisait rien pour le soutenir. Sa conduite à la maison était exemplaire. Il demeurait ouvert, amical, participant de bonne grâce à la vie de tous les jours. Il me semble, en y repensant, que nous n'existions qu'au cœur de ces murs, entre nous, rien qu'entre nous. Bien des années plus tard, il nous confierait être plusieurs fois sorti, de nuit et sans permis, au volant de la voiture non assurée que mon père entreposait dans le garage : prise de risque familière aux adolescents en souffrance, qui jouent avec leur vie, seul moyen d'attirer l'attention sur eux.

Se soumettant aux exigences paternelles, Jean finit par intégrer l'armée de l'air pour trois ans. Je verrai toujours mon père, à l'issue d'un affrontement, ouvrir largement la porte et lui ordonner de partir : « Va t'engager, je signerai tout ce qu'il faut. » Mon frère sortit pour réapparaître quelques minutes plus tard : « Tu n'as pas un peu de monnaie ? » Choquée par un départ aussi brutal, grand-mère y pourvut ; elle lui aurait confié tout ce qu'elle possédait ! Du trottoir, j'accompagnai longuement mon frère du regard : il intégrait l'âge d'homme dans une solitude incroyable.

Il a, depuis, suivi son chemin. Sa vie militaire, professionnelle et familiale est une réussite. Il demeure néanmoins fragile. Quarante ans plus tard, nous nous lançons toujours dans d'interminables discussions. Nous parlons de tout. Sauf de notre mère.

Avec Dominique, de trois ans ma cadette, rien ne fut aussi simple. A treize ans, elle abordait elle aussi son adolescence et revendiquait une autonomie qu'elle considérait ne pas me devoir. Elle n'avait pas tort, mais je n'avais ni l'âge ni la possibilité de le comprendre et de l'admettre. Il existait, en outre, d'anciennes rivalités que ma mère gérait de son vivant et qui, faute de médiateur, nous jetaient parfois l'une contre l'autre, comme deux harpies – ou comme deux sœurs, tout simplement. Nous en venions aux mains pour des sottises, nos cheveux longs offrant de bonnes prises à nos doigts rageurs, jusqu'au moment où nous nous effondrions dans les bras l'une de l'autre. Nous devinions sans peine la cause de notre chagrin, mais pour rien au monde nous n'en aurions parlé ensemble. Maintenant encore, si l'une de nous deux cède à l'émotion, l'autre la supplie immédiatement : « Ne pleure pas, sinon je vais pleurer aussi. »

Dominique tenait bon dans sa quête d'indépendance. J'en ris aujourd'hui. Mais quelle ne fut pas ma stupeur, le jour où je découvris trois draps noués, accrochés à la fenêtre du deuxième étage ! La maison était haute. Tout en bas s'ouvrait l'escalier descendant à la cave. Elle risquait la mort en empruntant cette échelle improvisée vers la soirée de son choix. Mais elle était vaillante, ma sœur ! Vaillante, obstinée et superbement égoïste, faisant toujours passer son plaisir avant celui des autres, comme le montre l'anecdote suivante.

Chaque soir, Élisabeth était chargée de la corvée de lait, que nous achetions chez un voisin qui possédait quelques vaches. Pressée de retourner à ses jeux, elle avait abandonné la laitière au milieu de la cuisine. Or Dominique passait et repassait, sans songer un seul instant à la déposer sur la table. Cette attitude désinvolte, ce désintérêt pour une chose qui nous touchait tous me hérissaient. J'avais l'impression d'être abandonnée, car j'étais persuadée que notre seule chance de surmonter notre drame était de faire front, ensemble. Les années ont passé et je comprends mieux son comportement. Elle s'isolait farouchement pour survivre. Le message paternel implicite était en effet net et sans concession : « Nous souffrons autant que toi, alors assume ! Serre les dents et avance, ne nous dérange surtout pas. » Le nôtre était plus doux, certes, mais tout aussi exigeant : « C'est si lourd à porter, tâche de te débrouiller. Si tu craques, nous craquerons tous. Alors, tiens bon ! » Et puis, il y avait notre grand-mère, dont nous ressentions la fragilité. Il nous fallait la protéger, nous pensions qu'elle ne supporterait pas la moindre manifestation de souffrance. Ainsi, Dominique avait besoin de toute son énergie pour dépasser sa douleur. Fût-ce au détriment des autres. Elle est devenue professeur de lettres modernes. Elle aussi demeure d'une grande fragilité.

Il m'était arrivé de céder au chagrin dans les mois qui suivirent la mort de ma mère. Je logeais chez l'habitant et le soir, de retour du lycée, j'écoutais des sonates de Beethoven, la *Pathétique* notamment, et la *Clair de lune*. Cela suffisait à rompre le barrage qui nouait ma gorge et pesait sur ma poitrine. Sur ma commode érigée en modeste autel, autour d'une photo de ma mère, j'avais placé des bougies, des fleurs et les cartes que je continuais à rédiger pour elle, à la date de ses fêtes et anniversaires. Les mots que j'écrivais relevaient d'une véritable adoration : ils s'adressaient à la plus douce, la plus belle des mères, à l'inoubliable, l'incomparable, l'unique, la divine.

Je renonçai à cet autel lorsque nous nous installâmes à Fénétrange. Je n'en avais plus besoin. Notre maison était semblable à une église au chœur de laquelle, serrés les uns contre les autres, unis comme les doigts d'une seule main, nous n'allions cesser de parler d'Elle. Sans que le moindre mot fût jamais prononcé, nous continuions d'écrire une histoire où elle tenait la seule, l'unique place. Nos regards, nos gestes, nos attitudes, nos disputes, nos rivalités, nos cris et nos rires étaient autant de mots à elle destinés. Ils nous aidaient à vivre.

La maison était spacieuse, un peu mystérieuse, accueillante et chaleureuse. Une sorte de nid doux et rassurant. Je m'y sentis tout de suite bien. Le linge dans les armoires, les pots de confitures au grenier, les conserves de légumes et les pommes dans la cave, pour l'hiver, étaient pour moi autant d'éléments précieux, hautement sécurisants. Comme l'étaient les tendres conseils de grand-mère me surprenant en pleine rêverie : « Ne *ramine* pas comme ça ! C'est pas bon pour toi. Tu devrais sortir un peu, rire avec des amis, t'amuser... » Mais je n'en avais ni le goût ni l'envie. Je les avais perdus à jamais. Nous nous sommes blottis dans ce ventre tutélaire, nous y avons réappris à respirer, à espérer, à vivre comme nous pouvions.

J'allais toujours au lycée. Le soir, alors que la maisonnée dormait, je peinais sur mes leçons de science, que j'exécrais. Tout était silence autour de moi, si vide que je mesurais l'absurdité de mes efforts : pour qui ? pour quoi ? J'excellais dans d'autres matières, ce qui me permit toujours de m'en tirer. Mais quelle prise de conscience, quels moments de désespoir âpre, brutal, devant le large mur lisse et nu avec, pour seul bruit me rappelant la vie, le tic-tac immuable de la pendule ! Plus de main sur la mienne, plus de visage contre le mien, plus de cheveux mêlés à mes cheveux, plus de questionnement à la fois tendre et inquiet pour savoir si tout allait bien. Plus de travail à deux sur un passage difficile.

Je compensais ce désespoir par une foule d'activités. Ayant appris le piano, je tenais l'orgue au temple, comme mon arrière-grand-père. Je vois aujourd'hui dans ce choix un puissant besoin de « réancrage ». Il me fallait reprendre racine après la grande tornade. J'étais également chargée par le pasteur de l'École du dimanche, qui est l'enseignement de la Bible aux enfants protestants. J'aidais ma grand-mère. Une villageoise se chargeait, chaque semaine, de la lessive, mais nous assumions tout le reste. Ma grand-mère semait, je récoltais, et ensemble nous préparions les bocaux et chargions le stérilisateur. Mon père avait également acheté un verger dont nous récoltions les fruits : pommes, mirabelles, quetsches, coings. C'était la joyeuse – et parfois tumultueuse – corvée de la fratrie ! J'avais recréé un groupe d'Éclaireurs de France et, chaque dimanche, j'emmenais une vingtaine d'enfants au bord du lac de Mittersheim. Le terrain sur lequel avait flotté notre palais de toile avait été vendu par son propriétaire. J'en conçus une grande tristesse : je pensais avec naïveté qu'il était devenu intouchable depuis que ma mère y avait passé son dernier été. Mais la vie, pour les autres, continuait, et peu leur importait les souvenirs que d'autres attachaient à ce lieu où nous avions été heureux.

Mon père rentrait chaque fin de semaine, parcourant en voiture la route Paris-Fénétrange, fatigué ou non. Ses séjours étaient un curieux mélange de gâteries et d'exigences, deux attitudes procédant de la même angoisse. Il compensait, d'une part, les mille tendresses dont il croyait nous priver en vivant loin de nous ; mais il imposait d'autre part, avec beaucoup de rigueur, tout ce qu'il aurait exigé s'il avait été près de nous. Avec grand-mère, nous pouvions déjeuner en chemise de nuit ou en pyjama le dimanche matin. Mon père exigeait que nous nous présentions à table lavés, coiffés et habillés. Et il y avait les mauvaises notes, surtout celles de Jean, qui annonçaient de pénibles moments pour tous. Nous étions si liés que chacun vivait intensément le malaise de l'autre. Mon père se transformait alors en un dangereux ennemi venu de l'extérieur. Certains dimanches soir, lorsque nous lui disions au revoir de la main, plantés en rang d'oignons sur le trottoir devant notre maison, nous échangions un regard de triomphe et de soulagement, tandis qu'un vent de liberté soufflait au-dessus de nos têtes. Déjà se dessinait ce qui allait distinguer notre fratrie tout au long des années à venir : personne, jamais, ni parents, ni conjoints, ni amis, ne pourrait s'immiscer entre nous quatre.

Plus de quarante ans plus tard, rien n'a changé de ces rites fraternels. Dès que nous nous retrouvons, notre petit groupe se ressoude. Sans le moindre mot, les regards, les sourires, les gestes parlent. Nous seuls savons, nous seuls comprenons. Nous continuons, en fait, à tisser et à nourrir une relation qui n'appartient qu'à nous, avec une mère trop tôt disparue.

Certains dimanches, mon père recevait des invités. Nous les connaissions tous. Anciens amis de jeunesse de nos parents, ils nous avaient vus grandir. Nous aimions ces visites qui animaient la maison. Mon père était au piano, des femmes chantaient des airs de jazz New Orleans et la maison revêtait, l'espace de quelques heures, des allures de vieille dame un peu ivre. Nous n'étions pas en reste. A l'initiative de Jean, Petula Clark, Ray Charles et Claude Nougaro faisaient une apparition clandestine. Nous dissimulions leurs disques au milieu des Beethoven, Bach, Liszt et les autres. Une idée de génie : personne ne les y trouva jamais ! On servait du champagne, dont nous parvenions toujours à détourner une ou deux coupes au passage. Mon père paraissait heureux, il souriait. Mais nous savions tous qu'il n'aurait pas fallu que la fête durât trop longtemps. Les rires, les mots légers, le bruit, ces intrusions dans notre monde finissaient, à la longue, par nous déranger.

Nous avions un chien, vieux compagnon de route que ma mère avait élevé au biberon. C'était un berger allemand qui répondait au valeureux nom d'Athos. Nous y tenions comme à la prunelle de nos yeux. Mais le plus beau cadeau que me fit jamais mon père fut une jument. Il connaissait ma passion pour les chevaux et, lorsque je le priai de m'en offrir un, il commença par poser ses conditions : apprendre à monter et à nous occuper de notre nouvel ami.

Avec ma jument, Princesse, j'entrepris de longues promenades à travers champs et bois. Je m'épuisais à galoper, de plus en plus loin, si loin qu'il me fallut un jour mettre pied à terre pour ouvrir l'enchevêtrement de taillis et de ronces dans lequel je m'étais enfoncée. J'avais commencé de souffrir dans mon corps, mais je n'y prenais pas garde. La nuque tout d'abord, sans que le médecin comprît de quoi il retournait. Le dos ensuite, au niveau du sciatique gauche. Douleurs lancinantes, insupportables par moments, qui sont devenues, à force, mes ennemies les plus anciennes, les plus familières et les plus pugnaces. Je les combats avec toutes sortes de médicaments, sans jamais trouver de remède, puisqu'elles l'emportent toujours. Le cancer de ma mère s'était déclaré par des lombalgies, et les médecins avaient diagnostiqué une sciatique. Grand-mère m'assurait que « le cheval n'est pas bon pour le dos ». Mais je ne l'écoutais pas. J'étais encore à l'âge où l'on croit que la vie est un fil sur lequel on peut tirer, tirer à l'infini. J'avais commencé à épuiser mes forces, mais je l'ignorais. Tout comme j'ignorais, sous mon apparente et joyeuse énergie, qu'un chagrin refoulé ne renonce jamais. Je croyais l'avoir vaincu, dompté, relégué tout au fond de moi-même, alors que la plupart de mes actes, de mes réactions, de mes décisions, de mes colères, de mes défis, de mes épuisements prenaient racine en lui. Il y avait tant de choses que je ne comprenais pas et que j'allais découvrir plus tard. Elles furent des maîtres implacables dans mon apprentissage de la vie.

A seize ans, je m'initiai bien maladroitement à l'éducation de ma petite sœur, Élisabeth. Un jour, peu avant la rentrée, je l'emmenai chez le marchand de chaussures pour lui acheter une paire de sandales. Elle venait d'avoir sept ans et l'idée de porter « ces vieux machins » ne l'enchantait guère. Elle me suivait en pleurnichant : « J'veux pas d'sandales... » Nous croisâmes une voisine à qui elle confia son chagrin. « C'est vrai que les sandales ne sont plus à la mode, confirma celle-ci. Il y a d'autres chaussures pour les enfants de cet âge. » Déroger aux habitudes de ma mère était impensable. Répéter ses choix, ses habitudes, me sécurisait. J'étais demeurée si attachée à ce que j'avais connu d'elle, qu'il m'était impossible d'entendre autre chose, de réfléchir autrement, de décider différemment. J'argumentai sottement : « Mais nous en avons tous porté ! », sans prendre en compte les dix bonnes années qui me séparaient d'Élisabeth. Le marchand n'ayant plus le modèle que je recherchais, Élisabeth put quitter le magasin, rayonnante. Je la suivis, soulagée. La mode avait tranché.

Pour Élisabeth, qui était la plus jeune, comme pour nous – il serait vain de le nier –, les fêtes conservèrent longtemps leur cachet enfantin. Noël bien sûr, mais Pâques aussi, ce beau dimanche de printemps où, en Alsace, un grand lapin mystérieux passe de jardin en jardin pour y déposer des friandises dans des nids de mousse. Armés de paniers, les enfants s'égaillent à la recherche des œufs colorés, en chocolat ou en sucre. Nous avons longtemps sacrifié à cette tradition qui recréait et immobilisait, pour nous, le temps de l'enfance, ce temps où notre mère vivait. Il demeure figé en moi et vient, de temps à autre, se mêler intimement à ma vie d'adulte. Ainsi, cette confusion constante – et inconsciente – que j'entretiens entre mon frère et mes fils : j'appelle infailliblement mes fils par le prénom de mon frère et mon frère par ceux de mes fils. Si j'avais eu des filles, la même confusion se serait produite entre elles et mes sœurs ! Il m'arrive également de regarder à la télévision les actualités des années 40 ou 50, lorsque ma mère vivait encore. Je pense alors à ce qu'elle faisait à ce moment-là, et je cède au désir insensé d'élargir le champ pour arriver jusqu'à elle, la revoir.

A une certaine période de ma vie, je suis revenue vers elle sans en avoir eu tout d'abord conscience. Une amie m'avait expliqué qu'elle communiquait, par le truchement d'un verre qu'elle déplaçait sur une table, avec l'au-delà. Je me prêtai à l'expérience. Elle m'annonça bientôt être entrée en relation avec ma mère et ma grand-mère. Moi qui ne suis pourtant guère portée sur le spiritisme, je me surpris à susciter ces séances de plus en plus fréquemment. Je ne cessais d'y penser. Jusqu'au moment où je compris que je niais ainsi l'inéluctabilité de la mort. Un être cher disparu ne se retrouve jamais. C'est là toute l'angoisse et la souffrance de la perte. L'Ancien Testament interdit la communication avec les morts – si tant est qu'elle soit possible. Il me semble que les sages des temps anciens avaient mesuré le danger de telles pratiques qui, nourrissant l'illusion que le mort peut revenir et nous parler, retardent, voire empêchent le travail de deuil.

LA SECONDE ÉPOUSE

Nous vécûmes cinq longues années dans cette maison. Mon frère revenait régulièrement en permission. L'armée lui réussissait. Je le trouvais moins mélancolique, plus structuré, très séduisant dans son uniforme. Il avait rencontré sa future femme. Mais un autre mariage s'annonçait. Un remariage plutôt. A quarante-cinq ans, mon père, trop jeune pour vivre seul, nous avait présenté la toute jeune femme, souriante et douce, qui allait devenir notre belle-mère et qu'il allait appeler, bien à tort, *la petite mère*. Nous serions, nous, *ses enfants*! Les vêtements, les effets personnels de ma mère continuaient d'occuper son armoire. Sa photo n'avait pas quitté la cheminée. Ma future belle-mère commença par la fleurir régulièrement. Mon père trouvait ce geste sublime et ne lui comptait pas ses louanges. Elle ignorait qu'elle s'aventurait dans une famille où le deuil de l'épouse et de la mère n'avait été entrepris ni par le mari, ni par les enfants. Personne, chez nous, n'avait « tué le mort ». Malgré les apparences, malgré l'amour de mon père et notre bonne volonté, elle ne trouverait jamais sa place dans notre famille. Elle allait s'y perdre.

J'ai beaucoup d'estime pour Françoise Dolto, dont j'ai toujours apprécié la simplicité et le bon sens. Rompue au jargon hermétique cher aux psychanalystes, elle savait aussi offrir la bonne parole, abordable, chaleureuse, constructive aux mères déstabilisées, aux soignants, au public en quête de savoir. Savoir qu'elle faisait « passer », rassurant, stabilisant, nécessaire, comme un puissant souffle de vie.

Cependant, que l'on me pardonne ma franchise, il est des aspects de sa personnalité qu'une partie de moi-même rejette violemment. Là resurgit l'adolescente toujours en quête d'une mère à jamais perdue. Elle s'est brutalement réveillée lorsque j'ai lu *Tout est langage*.

Avec son franc-parler, Françoise Dolto y présente le cas d'un père ou d'une mère envisageant de refaire sa vie :

« Il y a des mères qui disent [à leurs enfants] : "Qu'est-ce que vous diriez si je me remariais ?

— Ah, je ne te reverrai plus !

— Ah bon, bon."

» Du coup, elles se rangent en religieuses sécularisées pour ne pas faire de peine à leurs enfants, alors que, justement, lorsqu'elles sentent, elles, le moment venu de reprendre leur vie de femme, c'est aussi le moment de *traumatiser* les enfants en leur disant : "Écoutez, c'est très joli, mais moi je ne suis pas une enfant ; à mon âge on a besoin de rendre un homme heureux ; un homme a besoin d'une femme et une femme a besoin d'un homme. Si vous n'êtes pas contents, on tâchera de se débrouiller pour vous payer une bonne pension." Et puis c'est tout. D'ailleurs, si les enfants ont la chance de rencontrer à ce moment-là un médecin intelligent, c'est ainsi qu'il parle : "Tu sais, tu n'es pas du tout obligé de rester chez ta mère qui se remarie, il y a des pensions.

— Ah, j'aime mieux rester chez elle.

— Dans ce cas, tâche de te faire apprécier, de faire silence. Tu viendras me voir quand cela ne marchera pas avec ton beau-père, et puis, si tu veux un changement de garde et aller chez ton père qui, lui, est remarié…

— Ah bien non, justement[1]." »

L'adulte que je suis devenue comprend tout à fait cela, comme je comprends la nécessité du traumatisme à

1. Françoise Dolto, *op. cit.*

infliger à l'enfant lorsque l'un des parents a disparu et que l'autre refait sa vie. Pour que l'enfant, le moment venu, puisse construire sa vie, il importe qu'il ne reste pas « accroché » à un père ou une mère, au nom d'une relation ambiguë : « Je ne veux pas le (la) quitter, je ne veux pas qu'il (elle) souffre, je resterai toujours avec lui (elle). » C'est le meilleur moyen, pour un enfant, de ne jamais grandir et d'aliéner son avenir. L'argumentation de Dolto est donc tout à fait logique et saine.

Néanmoins, dans ce domaine bien précis, je n'ai jamais réussi à dépasser l'adolescente en moi. Malgré toute ma bonne volonté, malgré ce que j'ai appris, compris, malgré ce que je sais, je ne peux pas admettre cette façon de présenter les choses, que je juge cruelle et révoltante. « On te trouvera une *pension*, tâche de te faire *apprécier*, de faire *silence* » : ce n'est plus un traumatisme, c'est un assassinat ! Comment reconstruire, si le travail de deuil n'a pas été fait ? Le traumatisme dont parle Dolto, s'il est nécessaire, ne peut venir s'inscrire sur un deuil qui n'a jamais trouvé l'apaisement. Cet exemple prouve également la difficulté, pour ces endeuillés en errance, en constante souffrance, d'aborder et de résoudre les problèmes ultérieurs de leur vie. Accrochés au deuil initial non résorbé, ils ne supporteront plus les pertes, les déchirures, les échecs, voire les déceptions, en totale résonance avec la première épreuve. J'ajouterai que le traumatisme décrit par Dolto doit s'entourer de règles très précises. Les mots, encore une fois, ont une extrême importance. Une belle-mère n'est pas la *petite mère* des enfants du premier lit ! Et les enfants du premier lit ne sont, en aucun cas, *ses enfants.* Car quelle place, quel statut surtout réserver aux éventuels enfants à venir ? Il importe que la fille soit appelée belle-fille, et le fils, beau-fils. Une vie, si elle se reconstruit, doit se reconstruire dans la réalité, non dans le fantasme. Car on a vite fait de glisser du fantasme dans la folie.

LA BÊTE

Il y a longtemps que nous cohabitons, la bête et moi. Elle gîte tout au fond de mon être, au cœur de murs que je n'ai cessé de bâtir et de rebâtir, de colmater et de consolider afin qu'elle ne s'échappe pas. Elle ressemble à un grand chien blanc, puissant, indomptable et très malheureux. Certains jours, elle est tranquille, je parviens même à l'oublier. D'autres, je l'entends gémir et se lamenter. Je la sens allant et venant, cherchant inlassablement la faille qui lui permettrait d'exister. D'autres encore, elle hurle durant de longues heures avant de se recoucher, abrutie, apaisée pour un temps. Il lui arrive aussi, au moment où je m'y attends le moins, de faire voler deux ou trois remparts en éclats et de tenter une folle sortie. J'enfonce alors mes ongles dans mes paumes et, de toutes mes forces, en toute hâte, je reconstruis sa prison. Je m'y suis tant de fois exercée que j'y arrive sans trop d'effort. Je l'entends reculer en se lamentant, puis elle disparaît au plus profond de moi-même, une nouvelle fois vaincue. Je l'imagine alors, couchée dans sa solitude, gémissant et souffrant de n'avoir pu s'évader. J'aimerais la libérer car il n'est pas de tout repos de vivre avec elle. C'est même un véritable enfer. Mais je ne sais comment m'y prendre. Elle m'effraie tant. Je la devine si puissante, si exigeante, extrêmement dangereuse en tout cas. Je crois que nous mourrons ensemble. Elle trouvera enfin la paix. Moi aussi. C'est la seule solution pour nous deux. J'ai oublié de vous dire son nom. Elle s'appelle Chagrin.

TUMULTES

« Heureux qui peut connaître les causes des choses. »

(Virgile)

J'ai longtemps hésité avant d'écrire les souvenirs qui vont suivre ; ils sont pourtant liés à notre vie d'enfants endeuillés. N'ayant pu trouver d'explication à ces faits, je les avais presque oubliés. Ils me sont revenus en mémoire en lisant, il y a quelques années, la biographie qu'Alain Decaux a consacrée à Victor Hugo[1] ; l'auteur y évoque, entre autres, les séances de spiritisme menées par l'écrivain lors de son exil à Jersey, puis à Guernesey. Puisque Victor Hugo lui-même s'est prêté à ce genre d'expériences, quels scrupules devrais-je avoir à avouer les miennes ?

La maison était suffisamment grande pour que nous ayons chacun notre chambre. La mienne donnait sur le jardin. Fraîche en été, elle était froide en hiver et nous l'appelions la glacière. Nous n'avions, à l'époque, ni

1. Alain Decaux, *Victor Hugo*, Librairie académique Perrin, 1990.

chauffage central, ni lampe de chevet. Pour éteindre, il me fallait donc abaisser l'interrupteur situé près de la porte et traverser la chambre dans le noir jusqu'à mon lit, qui se trouvait dans l'angle opposé, parcours que j'effectuais chaque soir en courant, incapable de maîtriser mes peurs.

Une nuit, je me réveillai en proie à un étrange malaise. Je n'avais pas fermé mes volets et la lune pénétrait à flots. Sur le mur d'en face se reflétaient les arbres du jardin avec leurs grandes branches enlacées. On aurait dit qu'un vent violent les secouait. J'étais trop endormie pour me représenter que ma chambre était trop haute – au deuxième étage de la maison – pour que s'y projettent les feuillages. Néanmoins, j'avais peur. Inexplicablement peur. Et pas question de sortir de mon lit pour atteindre l'interrupteur ! Je commençais à m'apaiser lorsque j'entendis brusquement le bouton de la porte tourner. Il grinçait, pivotant dans un sens, puis dans l'autre, tranquillement. J'avais souvent vu des chats sauter sur la clenche pour ouvrir une porte. Mais c'était un bruit différent et qui me glaçait. D'ailleurs, la poignée en question était ronde, il fallait pour la manœuvrer la saisir à pleine main. Ce n'était plus de la peur que je ressentais, mais une véritable terreur. Notre enfance, surtout à la campagne, avait été bercée d'histoires de revenants. Je me cachai sous les couvertures. La poignée continuait son lent va-et-vient. Cela devint intolérable. Je sautai hors du lit, traversai la chambre d'un bond et allumai. Aussitôt le bruit cessa. J'ouvris la porte, il n'y avait personne. Je fis le tour des autres chambres, tous dormaient à poings fermés. De ma fenêtre, je distinguai le jardin, beaucoup plus bas, trop bas pour jeter des ombres sur le mur, redevenu vierge. Tout ce qui venait d'exister dans une réalité effrayante s'était évanoui. Seule la lune n'avait pas disparu. Je n'éteignis pas la lampe cette nuit-là. Ni les autres qui suivirent. Le lendemain, j'interrogeai mes frère et sœurs : avaient-ils voulu me faire une farce ? Ils nièrent sans un sourire. Je les connaissais suffisamment pour les croire. Je demeurai inquiète quelques jours. Puis je finis par m'apaiser et oublier.

Une bonne quinzaine d'années plus tard, en février, je suis revenue dans la maison pour quelques jours de vacances auprès de mes deux sœurs, qui y vivaient toujours, Élisabeth avec son conjoint et Dominique avec ses deux petites filles. J'étais moi-même accompagnée de mon fils aîné, âgé de sept ans, et de deux adolescentes, filles d'amis. La soirée était avancée. Mes sœurs lisaient et je jouais aux cartes avec les enfants. Soudain Élisabeth releva la tête : « Je crois que ça va recommencer », dit-elle. Je ne prêtai d'abord aucune attention à ses paroles ; il fallut qu'elle les répète à plusieurs reprises pour que je m'inquiète : « Qu'est-ce qui va recommencer ? » Elle avait fermé son livre et s'était levée, fort agitée. « Il se passe de drôles de choses ici », me répondit-elle. Dominique interrompit sa lecture à son tour : « C'est vrai. Ma fille m'a réveillée, l'autre nuit, en me demandant de ne plus lui caresser le visage, alors que je dors dans la chambre voisine. » « Moi, reprit Élisabeth, c'est la lampe. L'autre soir, alors que je lisais, elle s'est brusquement déplacée d'un bout de la chambre à l'autre. » « Le chat se sera pris les pattes dans le fil, et elle est tombée », tentai-je en guise d'explication. « Pas du tout, le chat n'était pas là. La lampe s'est déplacée, bien droite, et est revenue à sa place. » Je connaissais la lampe dont elle parlait : c'était une grosse lampe verte ayant appartenu à notre mère. Apeurées, les deux adolescentes s'étaient rapprochées de moi. Je n'étais pas rassurée. Mes sœurs enchaînèrent sur un jeune couple de locataires qui occupait l'aile de la maison, au rez-de-chaussée : « Ils se plaignent de manifestations identiques : déplacements d'objets, frôlements d'une main invisible et glacée sur leurs mains, leur visage, la nuit. Ils envisagent de faire venir un prêtre. » Mon fils continuait de jouer avec les cartes. Il devait me confier, beaucoup plus tard et non sans humour, ne rien avoir remarqué de ce qui se passa ce soir-là. En revanche, les jeunes filles étaient terrifiées.

J'avais, à l'époque, entamé une psychanalyse, et j'entendais bien garder la distance nécessaire avec ces prétendues manifestations. Les adolescentes nous demandèrent la permission de tirer leurs matelas dans une même pièce pour ne pas dormir seules. Je proposai de prendre une tisane à la cuisine. Nous quittâmes la salle à manger et traversâmes le palier, auquel aboutissait le large escalier montant du salon, au rez-de-chaussée, jusqu'aux chambres du second étage. Tout cet espace sombre me parut, ce soir-là, particulièrement angoissant. Dans la cuisine, plus intime, nous retrouvâmes un peu d'aplomb. L'eau chauffait, les conversations commençaient à se détendre lorsque nous entendîmes un pas dans l'escalier. Il montait, net, tranquille. Les deux fillettes de Dominique dormaient à l'étage. L'une d'elles avait peut-être quitté son lit ? Mais ce n'était pas un pas d'enfant. Les jeunes filles s'agrippèrent à moi. Mes sœurs me fixaient : « Tu vois, tu vois… » J'argumentai, bien décidée à ne pas abonder dans leur sens : « L'une de tes filles a dû se retourner et faire tomber sa poupée. » Mais je n'en menais pas large. J'avais l'intime conviction que l'une de mes sœurs – voire les deux – était la cause de ces manifestations. J'étais également persuadée que j'étais capable, à mon tour, d'en déclencher d'autres. Nous bûmes notre tisane, les adolescentes dormirent ensemble et je demeurai, toute la nuit, assise dans mon lit, l'œil bien ouvert. Seule une extrême vigilance, me semblait-il, pouvait endiguer ces événements. La maison parlait ? Pourquoi pas ! Elle racontait, à sa façon, le désarroi de ces enfants au deuil impossible qui l'avaient habitée. Eux n'y étaient jamais parvenus. Belle métaphore, mais si peu rationnelle ! Un état psychique perturbé ou en souffrance extrême peut-il créer des manifestations de ce type ? Ce serait une façon comme une autre de dire l'indicible…

6

DEUIL D'UN ENFANT

« Ô Dieu je vous accuse !
Dès que vous nous savez absent, vous nous guettez ;
Vous pénétrez chez nous comme un voleur qui rôde,
Vous prenez nos trésors et vous les emportez… »

(Victor Hugo, « A Villequier », esquisse, sur la mort de sa fille Léopoldine.)

Je voudrais, à l'orée de ce chapitre, évoquer trois souvenirs liés à la mort d'enfants en bas âge ou de jeunes adultes.

Le premier est une histoire que prêtres et enseignants nous ont racontée tout au long du cours élémentaire, dans les années 50.

Durant la Première Guerre mondiale, une mère, épouse d'officier, avait vu partir ses six fils pour le front. Trois d'entre eux avaient déjà été tués lorsque le curé de la paroisse apprit la nouvelle d'une quatrième mort. Comment annoncer la nouvelle à la mère ? Au moment de la communion, tandis qu'il approchait l'hostie de ses lèvres, il la retint. La mère leva les yeux vers lui et interrogea : « Lequel, mon père ? » Cette histoire, transmise d'année en année, était censée contenir trois messages auxquels nos éducateurs de l'époque semblaient très attachés : l'amour de la mère patrie, à laquelle les familles offraient stoïquement leurs enfants ; le rôle éminent de l'Église, qui assistait les familles en deuil ; et la dignité, voire l'esprit de sacrifice des mères frappées au plus profond de leur chair. Je n'aimais guère l'entendre. Je trouvais d'une cruauté inouïe – et je n'ai pas changé d'avis – qu'elle fût racontée à de jeunes enfants à des fins pédagogiques.

Le deuxième souvenir est un conte d'Andersen intitulé, selon les éditions, *Le Rosier*, *Le Buisson* ou *L'Amour d'une mère*.

Un soir qu'une mère soigne son enfant malade, un inconnu frappe à la porte. Elle lui ouvre et lui offre l'hospitalité. L'étranger profite d'un court moment où elle s'est assoupie, épuisée, pour s'enfuir avec l'enfant. C'était la Mort. Désespérée, la mère se jette à leur poursuite dans la nuit d'hiver. Pour découvrir le chemin qu'ils ont pris, elle chante à la Nuit toutes les chansons qu'elle connaît, réchauffe un buisson couvert d'épines sur son cœur, offre au lac ses yeux qui ressemblent à des perles, échange avec la vieille femme qui veille sur la grande serre de la Mort ses longs cheveux noirs contre les siens, tout blancs. Enfin, parvenue au royaume de la Mort, elle la supplie de lui rendre son enfant. La Mort lui permet alors de lire, au fond d'un puits, le destin de deux enfants, l'un heureux, l'autre malheureux, sans préciser lequel sera celui de son fils, si bien qu'au désespoir, elle préfère le lui abandonner. Ce conte traduit bien le traumatisme subi par les parents qui viennent de perdre un enfant, mais aussi l'amour dont ils sont capables, puisque cette mère préfère laisser son fils à la mort plutôt que de le savoir malheureux.

Le troisième souvenir remonte à mon adolescence. Un garçon en bas âge était décédé dans une famille italienne. Debout devant la tombe, le père leva soudain le poing vers le ciel et apostropha violemment Dieu, en présence du prêtre et de tous les villageois. Personne ne tenta d'apaiser le père, qui put longuement crier sa douleur.

Rien n'est plus atroce que la mort d'un enfant. Rien n'est plus difficile que d'en faire le deuil. Dans la plupart des cas, cela semble impossible. Il m'est arrivé d'entendre des personnes âgées se remémorer la perte d'un de leurs petits, survenue quarante, voire cinquante ans auparavant. Leur chagrin était toujours aussi douloureux, comme si la mort remontait à quelques mois seulement. Même le langage semble impuissant à décrire une telle épreuve. On appelle « veuf » un homme ayant perdu sa conjointe et « orphelin » un enfant dont les parents sont morts, mais il n'existe aucun mot pour désigner le parent en deuil d'enfant.

La plupart des couples ayant subi ce traumatisme ont pleinement conscience qu'ils ne s'en remettront jamais. Certains recherchent l'apaisement dans la religion, en même temps que dans une relation d'aide qu'ils développent et entretiennent inlassablement au bénéfice de familles victimes du même malheur. Une mère me confiait qu'il lui arrivait d'interpeller son fils, suicidé, en ces termes : « Ah ! tu nous en fais faire des choses ! »

D'autres couples, particulièrement unis, semblent dépasser leur douleur et puisent l'un dans l'autre la force de survivre. La parole, l'écoute, ce profond respect qu'ils ont de leur souffrance réciproque les aident considérablement. Ils n'oublient jamais de parler ni d'entendre ce que dit l'autre, construisant et reconstruisant ainsi chaque minute qu'ils vivent. Ils ont apprivoisé la souffrance, ils la regardent en face et, lorsqu'elle devient trop pesante pour l'un, l'autre s'offre à la porter. Ils vieillissent appuyés l'un contre l'autre. On les dirait passés par l'épreuve du feu.

Cependant, beaucoup de parents se séparent après la mort d'un enfant. Il semblerait que les pères n'expriment par leur douleur de la même manière que leur épouse. Plus secrets, plus introvertis, ils refusent d'afficher leurs sentiments et vivent leur traumatisme de manière plus « virile ». Beaucoup de mères endeuillées se plaignent que leur mari leur ordonne de se taire dès qu'elles évoquent le souvenir de l'enfant mort. Ils les accusent de se complaire dans leur souffrance, de ne faire aucun effort pour la dépasser, de refuser de « tourner la page ». Il y a tout lieu de croire que, dans ces couples, père et mère vivent une souffrance identique, et qu'ils ne l'assument pas de la même façon. Ces attitudes, contradictoires en apparence, les conduisent hélas souvent au divorce.

Il m'arrive également de rencontrer des couples qui ne se sépareront pas, mais qu'un deuil difficile divise à longueur de jours, à longueur de nuits. Le silence s'est installé entre ces parents en profonde désespérance. La souffrance est latente, épuisante, nourrie de non-dits qu'ils alimentent inlassablement. C'est un des reproches que j'entends le plus souvent au sein de ces couples : « Il ne veut pas en parler... Elle vit comme si je n'existais pas... » Et cet enfant qu'ils ont perdu continue d'exister entre eux, de les déstabiliser, de les dévorer parce qu'ils ne parviennent pas à vivre ensemble la souffrance qu'ils éprouvent. Il m'arrive de souhaiter qu'ils tombent dans les bras l'un de l'autre et qu'ils pleurent tout leur saoul, qu'ils se disent ce qu'ils sentent, qu'ils n'aient plus honte de ce qu'ils croient être de la faiblesse. Qu'ils soient enfin eux-mêmes pour enterrer définitivement, ensemble, cet enfant qui n'est plus.

Beaucoup de parents s'interrogent sur leur capacité à vivre la perte de leurs enfants. Comment amorcer un travail de deuil ? En laissant, dans un premier temps, le champ libre aux émotions. Que ce soit dans un magasin, en ville, devant ses autres enfants, il ne faut pas hésiter à pleurer si les larmes, voire les sanglots surgissent. Ne pas refuser le fou rire qui, soudain, s'annonce, sous prétexte qu'il n'est pas permis de rire dans de telles circonstances. Hurler de chagrin, hurler de rire, se rouler à terre, permettre enfin, et sous toutes ces formes, à l'énorme masse de souffrance d'éclater, de s'écrouler et de s'épancher.

Il n'est pas de poison plus violent qu'un chagrin refoulé. A force de voir tant d'hommes et de femmes en souffrance, j'en suis venue à souhaiter l'existence de « gueuloirs », endroits clos où, encadrés par des médecins, des psychologues, des kinésithérapeutes, les endeuillés pourraient hurler leur douleur. Que de bien-être pour leur corps, pour eux-mêmes, leur famille et leur vie future ! Tant de gens ne parviennent plus à pleurer. Ils ont oublié le chemin et le goût des larmes, et ils en souffrent terriblement. Un corps qui n'extériorise pas la violence de ses affects est un corps en danger, prêt à dire, à travers des douleurs et mille autres malaises, ce qu'il ne peut dire naturellement.

De la même manière, beaucoup de personnes en souffrance ne peuvent plus rire. Toute émotion un peu forte, alors qu'elle permettrait un rééquilibrage si elle était manifestée, leur est devenue étrangère, elles la vivent comme extrêmement dangereuse. Leur cœur s'emballe, palpite, bat en arythmie, elles se sentent étouffer et répriment rires comme sanglots libérateurs, continuant de souffrir dans un corps devenu incapable de vivre les moindres émois. Les douleurs s'installent, chroniques, invalidantes, sans diagnostics plausibles pour les médecins, donc sans espoir de soulagement.

D'autres parents refusent obstinément toute proposition d'aide au travail de deuil. En réalité, c'est la mort de leur enfant qu'ils nient. Il leur est impossible de « tuer le mort ». Ces parents en souffrance extrême ne trouveront plus le moindre semblant de paix. C'est un choix qu'ils ont fait devant l'insupportable.

MORT D'UN ENFANT ACCIDENTÉ

C'est un des deuils les plus traumatiques qui soient, car rien ne l'annonçait. La nouvelle de la mort s'abat sur une famille qui apprend brutalement qu'elle ne reverra jamais l'enfant parti pour l'école ou chez un camarade quelques heures plus tôt. Aucun pré-deuil, aucune temporisation avec la souffrance, aucune possibilité de composer avec l'impossible, l'« inentendable ». C'est l'amputation définitive et d'une violence inouïe d'une partie de soi-même. C'est l'affrontement inattendu avec le néant, sans délai, sans répit, sans l'espoir le plus infime de négocier ou de reporter l'échéance.

J'ai observé, chez beaucoup de parents qui venaient d'apprendre la mort de leur enfant par accident, le même désir insensé qui, durant quelques folles secondes, les avait animés : « J'aurais voulu suspendre le temps, le remonter, en détourner le cours pour que cette mort n'arrive pas. Si seulement je l'avais conduit moi-même à l'école... Si seulement je l'avais gardé à la maison ! »

Il n'existe pas de mort sans culpabilité pour les survivants, à plus forte raison lorsqu'il s'agit de la mort d'un enfant. Les parents se désignent comme les guides, ceux qui auraient dû savoir, prévenir, voire interdire. Ils se sentent responsables de l'accident qui a coûté la vie à leur enfant. Ils se remémorent tout à coup chaque affrontement, chaque parole un peu vive échangée avec lui, comme cela arrive inévitablement dans une vie de famille. Un père dont la fille, majeure, était morte d'un accident de la route en Afrique, ne cessa de répéter durant de longs mois : « Et dire que je l'ai giflée avant qu'elle ne reparte... » Il est important d'écouter ces regrets sans tenter de les expliquer en croyant consoler : les souvenirs sont ce qu'ils sont, l'entourage ne peut les modifier. Ils blessent et, quoi que l'on dise, continueront de blesser tant que le travail de deuil ne sera pas accompli. Ils seront, de toute manière, ce que le survivant voudra ou pourra en faire. Il convient donc de les laisser se raconter, se répéter pour permettre au temps de les replacer dans une dimension moins douloureuse, plus apaisée.

La grande question qui se pose, après la mort accidentelle d'un enfant, est de savoir s'il convient de présenter le corps aux parents ou de leur éviter un moment qui, bien souvent, paraît à l'entourage – famille, médecins, employés des pompes funèbres – d'une cruauté insoutenable. Les psychanalystes et les spécialistes du deuil affirment qu'il est important de voir le corps de l'enfant mort, et ce, quel que soit son état. D'une part, avoir été confronté à la réalité de la perte leur permettra d'entamer plus sûrement un travail de deuil. D'autre part, cette confrontation devrait réduire considérablement la part de l'imaginaire : « Dans quel état doit être mon enfant, pour que l'on m'interdise de le voir ? » Les parents risquent de se torturer avec des représentations bien plus horribles que ce qu'ils auraient pu découvrir et de ne jamais retrouver le moindre semblant de paix.

Cette manière d'appréhender les choses peut paraître difficile à concevoir. Elle l'est, notamment pour les employés des services funéraires, confrontés à des situations qu'ils vivent eux-mêmes difficilement. Ils vous expliqueront qu'il leur est impossible d'infliger à un père ou à une mère ce qu'eux-mêmes ont tant de peine à assumer. Certains proposent de montrer aux parents un bout de vêtement, un gant ou un foulard que portait l'enfant. Ce n'est malheureusement pas suffisant. Il est vrai que les parents qui ont vu leur enfant mort en gardent un souvenir obsédant, douloureux. Hantés par cette dernière image, ils y pensent sans cesse. Elle les torture, et ils vivent avec le sentiment qu'ils ne trouveront plus la paix. Encore une fois, il est important de les laisser s'exprimer et d'entendre leur tourment, même si cela paraît insoutenable à l'entourage, essentiellement attaché à consoler, à soulager. Il n'y a rien de morbide à dire et à redire les choses : ce flot de paroles, ces ressassements sont nécessaires afin que s'épuise le chagrin, que s'apaise la douleur. Il convient donc de réfléchir à cette confrontation des parents avec leur enfant mort ; elle est d'une grande utilité et devrait leur permettre d'en faire, un jour, plus aisément le deuil.

Un autre élément important relève du domaine de la justice : la peine infligée au responsable du décès, lorsqu'il y en a un. Très souvent, les parents de la victime souffrent de la légèreté de la condamnation qui, à leurs yeux, paraît sans commune mesure avec leur affliction. La conduite des fautifs, leurs réactions lors du procès leur paraissent souvent totalement disproportionnées et comme étrangères au drame qu'ils vivent. La société devrait mesurer plus justement la perte qui a brisé leur vie. Quant aux responsables de l'accident, il suffirait bien souvent qu'ils regrettent leur imprudence et qu'ils compatissent, ne serait-ce qu'un court instant, au chagrin des parents. L'indifférence dans laquelle se déroulent trop souvent ces procès est une des plaintes récurrentes de ces couples. Reconnaître leur chagrin, le nommer, pourrait être l'un des éléments positifs importants de leur travail de deuil.

MORT D'UN ENFANT MALADE

Tout aussi éprouvante, elle laisse toutefois aux parents désespérés un laps de temps, si précieux, avant la grande séparation. Cet espace permet d'entreprendre un pré-deuil, de s'habituer – si tant est que l'on puisse s'habituer à l'idée de perdre son enfant – au traumatisme de la perte. Certaines mères s'investissent au-delà de leurs forces pour soigner leur petit. Elles en oublient leur époux et leurs autres enfants et risquent fort, au moment du décès, de développer une culpabilité éprouvante pour n'avoir su, malgré leurs efforts, le sauver. D'autres écrivent, avec cet enfant que la médecine condamne, avec son père, ses frères et ses sœurs, de magnifiques histoires. Le pré-deuil s'inscrit au jour le jour, préparant l'ultime échéance dans le rire et la joie, les grandes interrogations et les larmes. Certaines familles, comme les soignants qui ont vécu de telles histoires, savent à quel point l'enfant malade peut être un allié précieux. Et aucun n'ignore la valeur de chaque instant, qu'il soit tissé de bonheur ou de chagrin. Ainsi, le travail de deuil s'est élaboré. La douleur n'en sera pas moins profonde, mais mieux maîtrisée, apprivoisée.

Lors d'une formation que j'animais, une travailleuse familiale me confia avoir vu une jeune mère choisir le cercueil, la messe, les vêtements que porterait son enfant mort, l'endroit où il serait inhumé, alors qu'il était toujours vivant. Cette confidence ébranla les participantes ; cette mère nous offrait pourtant l'exemple d'un pré-deuil qui s'élaborait, péniblement certes, mais qui augurait un travail de deuil certain. Beaucoup de mères associent la perte de leur enfant malade au fait de ne pas l'avoir assez aimé pour le sauver. Durant leur deuil, elles s'accusent de tout ce qu'elles n'ont pas fait pour lui, même les actes les plus infimes. Il ne faut pas essayer de les convaincre du contraire. On ne ferait que renforcer leurs certitudes. Il suffit de les écouter, voire de susciter par une attitude amicale et aimante ces confidences qui les meurtrissent. Il importe également de ne pas mesurer le temps de leur chagrin : « Il y a deux ans – ou dix ans ! – que son enfant est mort, et elle en parle toujours ; elle ne s'en remettra jamais ! » C'est vrai que l'on ne se remet pas de la mort d'un enfant. Mais l'apaisement peut s'installer si l'entourage se montre attentif, chaleureux, s'il laisse couler les jours comme la peine, sans tenter de domestiquer l'un ou l'autre.

Lors des formations d'aide à domicile que nous animions, chaque fois que j'abordais le module « accompagnement de fin de vie », une ou plusieurs stagiaires m'avertissaient que, ayant perdu un enfant, petit ou jeune adulte, cinq ou quinze ans plus tôt, elles ne pourraient certainement pas suivre mon cours. Je les rassurais en leur permettant de quitter la salle dès qu'elles le souhaiteraient. Ce qu'elles firent toutes, invariablement, en pleurant. J'allais les rejoindre aux pauses, je les écoutais parler. Je pris conscience de cette douloureuse cicatrice qui demeure à jamais inscrite dans le corps et le cœur des mères en deuil d'enfant.

Une autre stagiaire m'a confié un jour que son fils était décédé dans un accident de moto une dizaine d'années auparavant. Lorsqu'il lui arrivait d'entendre une moto s'immobiliser devant sa porte, le désir fou de voir son fils apparaître quelques minutes plus tard sur le seuil de sa cuisine la submergeait. Ces moments d'illusion la plongeaient dans d'insupportables malaises. Elle appelait alors sa voisine qui en avait pris l'habitude et qui accourait, s'installait près d'elle et, sans un mot, l'écoutait longuement raconter ce fils disparu. Belle et intelligente manière d'aider la personne en souffrance : se poser comme le fidèle reflet d'elle-même, à l'image d'un miroir, silencieux, présent et sans autre retour que cette souffrance qui se verbalise.

Témoignage de Sylvie, maman de Delphine

J'ai entendu le témoignage suivant lors d'une conférence sur le thème « Dire la vérité aux malades et à leur famille ». La salle était bouleversée. J'ai demandé à Sylvie l'autorisation de relater l'histoire de sa petite fille, ce qu'elle m'a permis ; je l'en remercie infiniment.

C'est au cours d'une visite médicale de routine qu'une tumeur abdominale fut découverte chez Delphine, alors âgée de deux ans. Des examens suivirent, dans la plus grande angoisse. Car, souligne Sylvie, « la pire nouvelle est plus supportable que le doute ». Les médecins diagnostiquèrent un cancer au stade 3, avec 30 % de chances de guérison. Ils ne cachèrent rien aux parents qui, dès le début, étaient certains du rétablissement de leur fillette. Interventions, séances de chimiothérapie, et même une greffe rythmèrent désormais la vie de l'enfant, devenue une petite fille fatiguée et fragile. Sylvie mesurait son impuissance : ce n'était plus elle qui dirigeait la vie de son enfant, mais la maladie. Incapable de se projeter dans l'avenir, la famille, qui comptait deux autres enfants, apprit à distiller le présent, à « le déguster sans modération ». « Si l'on m'avait caché le diagnostic, aurais-je vécu si violemment, si intensément un présent si difficile à supporter ? s'interroge Sylvie. Je crois que tous nos efforts auraient été tournés vers l'avenir pour oublier le présent, alors que je voulais l'imprimer à jamais dans ma mémoire. » Durant de longs mois, Sylvie s'employa à créer mille moments heureux pour la fillette dont elle redoutait tant la mort : « En retour, ma fille m'apprit, au-delà de ma souffrance et de ma révolte, à vivre intensément le moment qui passe à travers les gestes les plus simples de la vie. »

Arriva le jour où Delphine fut victime d'une septicémie. Les médecins, qui jusque-là avaient collaboré avec la jeune mère, se réfugièrent dans un discours très médicalisé. Sylvie exigea la vérité : elle voulait préparer la mort de Delphine, y habituer son mari et ses autres enfants et se trouver près de la fillette au moment ultime. Cependant, Delphine connut une rémission et vécut encore un an et demi. Puis son état s'aggrava. Sylvie ayant tant de fois exigé la vérité, les médecins lui annoncèrent que sa fille allait mourir quelques jours plus tard. Elle se croyait préparée ; le choc fut pourtant très violent : « Intellectuellement, j'étais prête ; affectivement, émotionnellement, non. » Brusquement, tout lui devint impossible. Elle cite La Rochefoucauld : « Le soleil ni la mort ne se peuvent regarder fixement. » Le médecin qui lui révéla la cruelle vérité était une femme. Ce fut, pour elle, également un moment très dur. Elle aida néanmoins Sylvie en la conduisant par la main vers sa petite fille. Sylvie ressentit l'immense tendresse de ce moment d'intense partage. C'était comme si ce médecin lui avait dit : « A toi qui as toujours exigé la vérité, je ne peux que dire : "C'est maintenant, sois forte." »

Sylvie est rentrée chez elle. Elle a informé les siens avec les mêmes mots. Malgré leur chagrin, sans perdre de temps car chaque minute devait être gagnée et non perdue, ils sont retournés auprès de Delphine pour la distraire, l'entourer, l'aimer, jusqu'à faire les clowns pour la faire rire. Durant la dernière semaine de sa vie, ils lui firent ainsi une déclaration d'amour pour l'éternité.

SUICIDE D'UN ENFANT

Le deuil d'un enfant suicidé est l'un des plus traumatiques et difficiles qui soient. La question se pose invariablement de savoir s'il est possible de faire le deuil d'un fils ou d'une fille qui a choisi de mettre fin à ses jours. L'idée même du suicide véhicule tant de désespoir, tant de violence. Et toutes ces questions auxquelles personne n'apportera jamais la moindre réponse : « Comment n'ai-je pas perçu le mal-être de mon enfant ? Qu'ai-je fait, ou que n'ai-je pas fait pour qu'il me quitte ainsi ? Comment a-t-il pu m'infliger une telle souffrance ? Quelle vie lui ai-je offerte pour qu'il l'interrompe de cette façon-là ? » Questions obsédantes, d'une cruauté inouïe, auxquelles s'ajoutent d'amères accusations : « Je n'ai su ni l'aider, ni le comprendre. Je n'ai pas su le rendre heureux, je n'ai pas su l'aimer. Il souffrait au point de mettre un terme à sa vie et je n'ai pas su le deviner. »

A ces interrogations sans cesse ressassées s'ajoute l'intense douleur que lègue, comme un héritage empoisonné, l'enfant disparu, un peu comme s'il avait voulu dire : « J'ai tant souffert ; à vous, maintenant ! » Les parents perçoivent l'atroce réalité contenue dans ce dernier message : « Comme je vous ai aimés, mais comme je vous ai haïs, puisque je ne vois pas d'autre possibilité que de vous quitter ! » De plus, les parents vont devoir survivre avec cet autre mystère : « Pourquoi ? » La maladie, l'accident, une malformation congénitale sont autant de réponses à la perte d'un enfant. Le suicide n'en apporte aucune ; c'est une véritable torture pour la famille, frères et sœurs compris.

Souvent, les couples résistent mal à une telle épreuve et vivent des scènes d'une extraordinaire violence. A l'image, d'ailleurs, de ce qu'est devenu leur for intérieur. Leur souffrance est si lourde à porter qu'ils ne savent comment l'apaiser. Ils s'accusent, emploient des mots qui, à défaut de les réunir dans ce grand malheur, les blessent et les éloignent à tout jamais. Seule une aide extérieure pourrait les aider dans ces instants difficiles : apprendre à verbaliser leur douleur, apprendre à écouter l'autre, à reconnaître en lui une souffrance identique à la sienne. Il arrive souvent que, dans ces moments d'une extrême difficulté, l'un des parents se sente complètement ignoré, nié, abandonné par l'autre. Cette sensation lui paraît si insupportable que toute communication devient impossible.

J'ai rencontré d'autres parents, très unis, dont l'enfant s'était suicidé et qui refusaient farouchement de montrer leur chagrin : « Je veux le (ou la) protéger », disaient-ils en désignant leur conjoint. J'ai tenté de leur expliquer qu'ils risquaient, au contraire, d'abîmer leur couple en s'isolant dans un travail de deuil non fait. Le corps et l'esprit, l'être tout entier résistent mal aux assauts d'une telle souffrance lorsqu'elle n'est à aucun moment racontée ni pleurée. Tenter de réprimer son chagrin pour préserver son conjoint devient très vite beaucoup plus pesant et invivable que de le manifester. Il s'installe entre les deux époux avec son lot de regrets, de remords, de culpabilité et de non-dits. Le couple devra vivre non seulement la douleur liée à la perte de l'enfant, mais aussi le traumatisme né d'un deuil permanent, pratiquement impossible à faire. Je n'oublierai pas les regards anxieux que se jetaient, à la dérobée, un père et une mère dont l'enfant s'était suicidé. Non seulement, ils ployaient sous le poids de ce drame, mais ils souffraient intensément de voir souffrir l'autre, et souffraient encore plus de s'isoler dans ce martyre. Tous deux imaginaient se protéger en évoquant le moins possible cette tragédie.

En face d'eux, je me suis remise à rêver de « gueuloirs » et de spécialistes attentifs qui leur apprendraient à raconter l'insoutenable, à retrouver les chemins du cri et des larmes, à hurler sans honte leur douleur, leur révolte, leur incompréhension, à dire cette haine d'eux-mêmes, et leur ressentiment pour l'enfant disparu. Et pour leur laisser, dans un premier temps, l'illusion de s'épargner mutuellement, j'imaginais qu'ils pourraient entreprendre ce long et douloureux travail séparément, pour se retrouver et le vivre ensemble plus tard. C'est sous-estimer l'autre que de le croire incapable d'assumer un chagrin trop lourd. Le meilleur moyen de l'aider me semble, avant tout, de le partager avec lui. C'est également le moyen d'entamer ensemble ce travail de deuil si nécessaire pour survivre.

LES DEUILS PÉRINATAUX

La plupart des femmes qui ont enfanté connaissent les ravissements liés aux premiers instants d'une grossesse. Mystère, douceur, rêves secrets, espoirs insensés autour de cette petite vie qui nidifie tout au fond de leur être. Pour elles, l'enfant existe dès qu'il est conçu. Certaines, très à l'écoute de leur corps, perçoivent leur état de future mère bien avant l'apparition des premiers symptômes de la grossesse. L'enfant, minuscule embryon, a commencé d'exister. Il occupe déjà une place infinie dans leur vie. C'est dire l'importance, la magie liée à la conception et à la gestation pour beaucoup de femmes.

Il n'empêche que, dans les hôpitaux, les cliniques et les services de l'état civil, un enfant mort dans les six premiers mois de la grossesse n'a aucune existence légale. Ni tombe sur laquelle se recueillir, ni nom rappelant qu'il a existé, du moins pour sa famille : « Les corps sont traités collectivement avec les déchets anatomiques des hôpitaux, par incinération ou enfouissement dans les fosses collectives[1]. » Ce grand vide dans lequel s'inscrivent les

1. Geneviève Delaisi Parseval, *Les Deuils périnataux, la part d'une mère*, Odile Jacob, 1997.

quelques mois de la vie de l'enfant – même s'il s'agit d'une vie intra-utérine –, les rêves et les projections des parents, leur attachement au petit disparu représentent une souffrance qui est rarement nommée, et qu'il conviendrait de reconnaître et de respecter.

Les plaintes des parents qui ont connu de tels drames sont toujours les mêmes : « Je n'ai aucun endroit où le retrouver, pas la moindre petite tombe, pas la moindre plaque en souvenir de lui. Son nom n'existe nulle part. » C'est faire peu de cas de ce petit qui avait commencé à trouver sa place au sein d'une famille, et quel mépris pour les sentiments des parents et des frères et sœurs qui s'étaient réjouis de cette future naissance ! Comment faire le deuil de ce qui a existé dans l'imaginaire, avec tant d'amour et d'espérance déjà, et qui n'existera jamais dans une réalité devenue si douloureuse ? Qu'est-ce qui empêche notre société – particulièrement barbare dans bien des domaines encore – de donner une identité en même temps qu'un modeste coin de terre à ce petit être trop tôt disparu ? Certaines réflexions de médecins soulignent durement le peu d'importance accordé à l'enfant en gestation. Combien de fois ai-je entendu des mères ayant perdu leur bébé avant terme se plaindre que leur praticien leur avait dit : « Bah ! vous en ferez un autre. » Même encouragement implicite de la part des amis et des connaissances : le fœtus n'existe pour personne, sauf pour la famille, qui se retrouve seule à le regretter et à tenter désespérément d'en faire le deuil.

Des progrès certains ont été réalisés pour les enfants morts après le sixième mois de gestation. Ils peuvent être déclarés à l'état civil « nés sans vie » et prennent ainsi leur place au sein de la famille. Même s'ils sont morts, ils ont existé, et le travail de deuil est plus aisé à faire. Il m'est arrivé d'entendre des mères se plaindre de ne pas avoir vu leur enfant mort-né, de ne pouvoir mettre un visage sur ce petit être qu'elles ont porté et qui leur a été enlevé. Certains services, aujourd'hui, insistent pour que les mères voient leur enfant. Si ces dernières refusent, des photos sont prises qui pourront leur être montrées si elles le désirent un jour. Ces pratiques peuvent paraître morbides à qui n'a pas vécu de tels drames. Elles sont nécessaires, garantes du passage de la vie – dans le ventre de la mère où l'enfant a bougé – à la mort, garantes aussi d'un travail de deuil qui pourra s'accomplir plus facilement. Tant de questions où se mêlent culpabilité, angoisse et souffrance affolent les mères qui ont perdu l'enfant qu'elles portaient. Il convient de les aider, de leur offrir ce temps indispensable pour surmonter le traumatisme de la perte. Il est si difficile de se séparer définitivement d'un être qui a existé en nous, sans exister en dehors de nous. A quel moment intervient la déchirure et comment peut-elle se vivre en dehors de la réalité de l'autre, parce qu'il n'est pas même né, en même temps que dans cette réalité connue de la mère seule, intime, secrète, de ce petit qu'elle a porté ?

L'ENFANT DE REMPLACEMENT

Il arrive, à la mort d'un enfant, qu'un nouvel enfant soit conçu en « remplacement » de l'enfant perdu. Un cas célèbre est celui de la mère de Françoise Dolto, qui, inconsolable après la mort de sa fille aînée Jacqueline, donna naissance, deux ans plus tard, à un garçon prénommé Jacques.

Le rôle imparti aux enfants de remplacement par des parents incapables de faire le deuil de leur enfant mort risque de les mener à la folie ou, à tout le moins, à des perturbations psychologiques importantes dont ils auront grand-peine à guérir, même avec l'aide d'analystes. La mère, en effet, souhaite retrouver l'enfant perdu, souvent idéalisé dans le nouveau-né ; ce dernier, en grandissant, va répondre à son désir par amour pour elle. Il renonce à sa propre existence pour ressembler au frère ou à la sœur décédée dont on attend qu'il occupe la place. En deuil permanent de lui-même, contraint à un rôle qui n'est pas le sien, l'enfant de remplacement ne peut se construire. Il est donc important que des parents qui viennent de perdre un enfant en aient fait le deuil avant de songer à une nouvelle naissance. La place de chaque enfant, normalement définie au sein d'une famille, doit lui garantir une identité propre. Il est donc souhaitable qu'un nouveau-né ne porte pas le prénom d'un aîné décédé, comme cela était si souvent le cas par le passé. Il est important qu'il trouve une place entière « à côté » du frère ou de la sœur disparue, afin de pouvoir grandir dans le souvenir de cet être qui a certes existé, mais qui n'existe plus, surtout pas en lui.

SOUFFRANCE DES GRANDS-PARENTS À LA MORT D'UN ENFANT

Le deuil des grands-parents est bien souvent négligé lorsque meurt un de leurs petits-enfants. On en parle finalement peu. Notre société se conduit comme si le fait de vieillir annihilait la souffrance ou rendait le vieillard plus solide ou moins sensible, en tout cas inaccessible à ce grand chagrin qui secoue les plus jeunes. Or la naissance d'un petit-enfant représente un événement fort pour les grands-parents. Beaucoup me disent qu'ils ont alors l'impression qu'il leur pousse des racines. L'amour qu'ils en ressentent est le même que pour leurs propres enfants et, s'ils se tiennent souvent en retrait pour ne pas gêner ni s'imposer, ils n'en sont pas moins attentifs à tout ce qui touche leurs petits-enfants. La souffrance, si l'un d'eux vient à disparaître, est souvent aussi vive que s'ils venaient de perdre un de leurs enfants. Ce n'est pas seulement le deuil de ce petit-fils ou de cette petite-fille qu'ils doivent faire, mais aussi celui de leur propre enfant, jusque-là heureux et solide dans son rôle de parent, et que cette disparition vient de briser. Ils ne subissent pas seulement leur propre douleur, mais aussi celle des autres membres de la famille, qui les atteint au plus profond d'eux-mêmes. S'ils pleurent peu en public et ne manifestent pas leur désarroi, c'est pour protéger leur descendance. Pour cette raison, on les croit insensibles. N'oublions pas qu'ils sont issus de ces générations où il était de bon ton de dissimuler ses sentiments, qu'ils ont connu la guerre et les privations et sont plus aptes que les jeunes générations à maîtriser leurs émotions. Pourtant, leur travail de deuil sera aussi intense, plus secret sans doute, mais aussi douloureux, aussi traumatisant que celui de leur famille.

HISTOIRE EXTRAORDINAIRE DE DEUX FILLETTES AMÉRICAINES

Cette histoire incroyable a une bonne trentaine d'années. Une mère vient de perdre ses deux petites filles dans un accident de voiture aux États-Unis, scène horrible à laquelle elle et son époux ont assisté. Quelques mois plus tard, elle se retrouve enceinte et, dès sa première visite au médecin, annonce la naissance future de jumelles. Ce dernier s'en étonne car il n'y a jamais eu de naissance gémellaire dans la famille. Mais la mère ne se trompe pas : deux petites filles naissent à terme. Au fil des mois, leurs parents leur découvrent des similitudes étonnantes avec les enfants décédées : taches sur la peau, grains de beauté, attitudes, expressions... Commence alors une curieuse expérience. En grandissant, les fillettes renouent avec l'histoire de leurs sœurs aînées : elles reconnaissent les lieux qu'elles ont fréquentés, réclament leurs jouets rangés au grenier et décrivent avec force détails à leurs parents des faits qui se sont produits avant leur naissance, comme si elles les avaient elles-mêmes vécus. Un jour que leur mère pénètre dans la chambre où elles s'amusent, elle entend l'une de ses filles s'étonner en face de l'autre : « Pourquoi as-tu du sang plein les yeux? », question qui rappelle cruellement l'accident qui a tué les deux aînées.

Je n'ai plus rien lu sur cette histoire, mais je la crois plausible. Inconsolable, la mère traumatisée aurait inconsciemment transmis à ses dernières filles l'histoire des premières, comme si leur vie devait s'inscrire dans une continuité susceptible d'assurer quelque répit à son chagrin. Tout comme il me paraît possible, dans une telle désespérance, de concevoir des jumelles dans une famille où il n'y en a jamais eu. Cette mère aurait ainsi nié ces morts qu'elle ne pouvait assumer et contourné un travail de deuil impossible à mener.

Ce cas, réel ou non, a le mérite de souligner l'extraordinaire difficulté qu'il y a à faire le deuil d'un enfant. C'est une tâche si douloureuse que cela seul suffirait à tout expliquer, à tout comprendre. Un deuil peut durer de longues, de très longues années sans le moindre apaisement. Il déchire, déstructure, obsède. Il démantèle le désir de vivre jusque dans ses besoins les plus élémentaires : nourriture, sommeil, plaisir de vivre, de plaire, de communiquer, d'aimer. Le sens même de la vie se trouve menacé. L'absence est lourde, si lourde, que les parents endeuillés se demandent comment ils parviennent à survivre. « Chaque souvenir, me confiait une mère, me renvoie à ce que nous ne serons plus jamais. L'avenir est un vide béant dans lequel je tombe et retombe chaque jour depuis des années. »

Entourer les parents endeuillés le temps qu'il faut est la meilleure façon de les soutenir. Il arrive qu'après la mort de l'enfant, sa chambre demeure en l'état. Gardons-nous de donner des conseils, évitons de faire remarquer que la vie continue et que rien ne sert de se complaire dans des souvenirs douloureux. Il ne s'agit ni de nos souvenirs, ni de notre souffrance. Laissons pleurer, raconter, dire et redire ce que nous avons mille fois entendu.

Il y a une trentaine d'années, je me suis rendue à l'enterrement d'un jeune homme, fils d'une amie, qui s'était suicidé. Quelques jours plus tôt, j'avais perçu son inquiétude de ne plus avoir de ses nouvelles et de ne pas réussir à le joindre. Elle avait fini par se rendre à Strasbourg, où il poursuivait ses études, et l'avait découvert sans vie. Nous étions très liées. Au moment de la retrouver au cimetière, je lui ai ouvert les bras ; elle s'y est précipitée en sanglotant désespérément. Immédiatement, deux femmes qui se tenaient près d'elle l'ont entourée et tirée en arrière avec de petits « chut, chut » autoritaires, en même temps qu'elles m'enjoignaient de m'effacer. Ce que j'ai fait, presque honteuse d'avoir provoqué cette scène. J'étais trop jeune pour réagir d'une autre manière, mais je n'ai pas oublié le chagrin muselé, la douleur niée, le rite vidé de sa substance. Les cris, les larmes, les lamentations sont nécessaires. La parole, magique, tisse le lien indispensable, le passage obligé entre la douleur et l'apaisement.

L'écoute de cette parole qui raconte la désespérance incombe souvent aux proches, aux amis, aux voisins, soucieux de réconforter. Il est important qu'ils soient convaincus de leur impuissance en face de la personne en souffrance. Ils ne peuvent ni changer le cours des choses, ni porter sa peine à sa place. Mais ils sont à même d'écouter, d'accompagner cette douleur qui se dit, même s'ils ont l'impression qu'elle se répète à l'infini. C'est grâce au chagrin raconté que l'endeuillé finit par s'apaiser. « Comme toujours, écrit Didier Dumas, psychanalyste, le trauma ne réside pas tant dans la brutalité de la mort que dans l'absence de parole qui lui succède[1]. » Les parents affligés savent qu'ils porteront toujours le poids de leur enfant mort, même s'ils ont réussi à en faire le deuil. Mais, entourés et entendus, ils connaîtront des moments de paix indispensables à leur santé, à leur équilibre, à cette vie qu'il leur reste à vivre, amputés d'une partie d'eux-mêmes.

1. Didier Dumas, *op. cit.*

7

DEUIL D'UN FRÈRE OU D'UNE SŒUR

> *« Le seul fait d'être vivant nous porte immédiatement au plus difficile, les liens que nous nouons dès la naissance, dès la première brûlure de l'âme au feu du souffle, ces liens sont immédiatement difficiles, inextricables, déchirants. »*
>
> (Christian Bobin, *La Plus que vive*, Gallimard, 1996.)

D'ordinaire, on prête peu d'attention au deuil des enfants. La plupart des adultes considèrent qu'ils sont trop jeunes pour comprendre et souffrir ; ils croient les protéger en les tenant à l'écart du drame qui secoue la famille. Dans *Tout est langage*[1], Françoise Dolto souligne la légèreté, inconsciente certes, mais ô combien révélatrice, avec laquelle sont traités les enfants qui viennent de vivre la perte d'un frère ou d'une sœur. A une participante de l'un de ses séminaires qui lui demandait : « Que devons-nous dire aux enfants qui restent, deux aînées de douze et neuf ans très choquées par cet accident ? » (leur petite sœur s'était noyée), elle répondit : « Qui restent ? Elles continuent leur vie plutôt, ce n'est pas un reste. » C'est dire toute l'attention qu'il

1. Françoise Dolto, *op. cit.*

convient de porter à ces enfants, qui vivent la tragédie au même titre que les adultes. Outre la disparition d'un membre de la fratrie, ils supportent le chagrin de leurs parents dont ils sont, qu'on le croie ou non, parfaitement conscients, quel que soit leur âge. La mort d'un frère ou d'une sœur s'accompagne la plupart du temps d'une grande culpabilité.

Malgré les apparences, l'harmonie règne rarement au sein d'une fratrie : jalousie, incompréhension, maladresse des adultes sont autant de raisons de nourrir de vifs ressentiments à l'égard de l'enfant que l'on croit mieux aimé, favorisé ou protégé. Il est courant, lors de la mort de l'un d'eux, d'entendre ses frères et sœurs s'accuser de cette disparition : ils ne l'ont pas assez aimé, pas aidé, ils l'ont envié, haï par moments, malmené lorsqu'ils le pouvaient, éloigné de leur cercle de jeux ou de leurs amis. Ils ont cédé à la jalousie si présente au sein des fratries, ils ont même souhaité sa mort, et voilà qu'elle l'a frappé ! Par leur faute ! La liste est à la fois longue et pathétique des remords qui agitent ces enfants qui se reprochent, de surcroît, le chagrin de leurs parents. Ils se sentent en totale perdition et éprouvent le besoin d'être rassurés. Il ne convient pas seulement de les convaincre qu'ils se trompent, mais surtout de les laisser s'exprimer, de les écouter dire leur peine, leurs regrets, même s'ils paraissent puérils – parfois même lassants ou insupportables – aux adultes qui les entourent.

Encore une fois, il est question de la place de l'enfant au sein de la famille. Cette place que les générations passées lui ont si longtemps disputée : un enfant ne comprend rien ; un enfant ne souffre pas, ne ressent rien ; un enfant n'a aucun droit, il n'a que des devoirs ; un enfant n'a pas accès à la parole ; il n'a pas d'avis à donner ; il doit se taire, s'effacer ; tant qu'il est enfant, il n'est rien. Et, dans cet espace qu'il convient de lui réserver, ses désirs, ses fragilités, ses doutes, sa souffrance doivent être entendus. Dans l'affliction générale, c'est une histoire d'amour qui s'écrit entre parents et enfants survivants : reconnaître le drame lié à la perte, le nommer, le regretter, ne pas hésiter à l'évoquer chaque fois que le besoin s'en ressent.

Pleurer le petit disparu, raconter les ressentiments et les moments heureux, rire des souvenirs joyeux sont autant de façons d'élaborer un deuil. Certains parents y parviennent, sans doute au prix d'immenses efforts. D'autres se murent dans leur peine, imposant tristesse et recueillement, sanctionnant toute manifestation bruyante des frères et sœurs survivants. Toute discussion sur l'enfant mort est évitée, sa chambre érigée en sanctuaire est interdite, la famille s'enfonce dans une atmosphère lourde et affligeante que les frères et sœurs subiront longtemps, situation nourrissant leur tristesse et leur culpabilité. D'autres parents se débarrassent des jouets et vêtements ayant appartenu à l'enfant disparu, croyant ainsi mieux juguler le chagrin familial : c'est nier jusqu'à l'existence qui fut la sienne.

Gisèle Halimi a évoqué le souvenir de son petit frère, décédé à la suite d'un accident : « Ils crurent tenir la mort en échec en nous imposant le silence. Silence absolu. Défense d'en parler. Défense d'évoquer sous aucun prétexte et quel qu'en soit l'angle, la brûlure du corps et des âmes. Défense donc de se souvenir. Nous devions nier la mort pour la tuer au fond de nous-mêmes. Fritna [la mère] en particulier enterra inexorablement André. Qui mourut de façon étrange un peu plus que les autres. Il n'eut droit ni à la sépulture des mots, ni à la douleur communiée, ni au souvenir vivant qui, selon moi, est le seul échec à la mort. Faire vivre en soi, jusqu'au bout de soi, celui ou celle que la mort vous a pris. Elle n'aura pas tout pris, ainsi, et le souvenir peut être pour certains plus fort que la vie même. André a-t-il existé seulement ? Rien, aucune trace de sa courte vie. Ni photos, ni vêtements, ni objets. Tout fut raflé à sa mort par mes parents. J'ai tenté d'en parler une ou deux fois, on me fit taire : plus jamais ce nom-là ! Plus de nom du tout. André n'était plus qu'une erreur monstrueuse de la nature, qui se devait d'être effacée. Les mémoires muselées, on fit disparaître victime et accident[1]. »

Des parents fragilisés par leur drame et impuissants à soulager la peine de leur enfant peuvent envisager l'aide de spécialistes. Car, si une famille reste figée dans son deuil, les frères et sœurs survivants n'auront aucune chance d'entamer le leur.

Un enfant mort, au sein d'une fratrie, est un enfant qui a existé et qui a cessé de vivre. Il convient de respecter cette histoire qui fut sienne, dans la vie comme dans la mort. Elle appartient à tous, comme leur appartient le droit d'en parler, de s'aventurer dans cette chambre où il vécut, de souhaiter et d'obtenir l'un de ses jouets ou l'un de ses vêtements. Et de pleurer sans honte lorsque, tout à coup, les larmes ou la culpabilité

1. Gisèle Halimi, *Fritna*, Plon, 1999.

affluent. Le roman d'une fratrie est tissé de fils invisibles, mystérieux, qu'il importe de ne pas rompre en ces moments douloureux d'un deuil. L'histoire de l'enfant mort sera toujours liée à celle de l'enfant survivant. C'est aux parents, à la famille, aux amis, de lui permettre d'en vivre la fin tragique et de l'intégrer à sa vie future. Sinon, elle demeurera fichée en lui comme une blessure inguérissable.

Il peut arriver qu'un enfant surprenne l'un de ses parents en pleurs. Que l'adulte évite de sécher ses larmes et de réagir comme si de rien n'était. C'est au contraire un moment privilégié où le père et la mère peuvent attirer l'enfant près d'eux, reconnaître leur chagrin, évoquer longuement le petit disparu et permettre à l'enfant survivant de dire, lui aussi, sa peine. Il n'ignore pas que ses parents souffrent. Pourquoi tenter de le lui cacher ? Ces discussions, ces pleurs autour d'une même souffrance ne peuvent qu'engendrer, à long terme, l'apaisement. Vivre un deuil en famille revient à écrire, ensemble, une histoire pénible et douloureuse. Chacun de ses membres, sans exception, doit être associé à ce travail.

Les cauchemars sont fréquents chez les enfants en deuil : il suffit de les laisser se manifester sans chercher à raisonner l'enfant, ni porter de jugement sur son rêve, qui raconte, de manière violente certes, mais nécessaire, des conflits anciens, des regrets, des peurs qui ont besoin d'être dits. En tentant d'amener à la raison un enfant qui réveille la maisonnée, nous lui interdisons les seuls chemins qu'il ait trouvés pour exprimer son angoisse.

LAURA

Pascale est une amie qui a perdu un petit frère quand elle avait dix ans. Lorsque je lui ai appris que je travaillais sur le deuil, elle m'a dit : « N'oublie pas les deuils des frères et des sœurs, personne n'en parle jamais. » Elle m'a donc confié comment, par une belle journée d'été, son frère Christian s'était noyé dans un fleuve. Il avait huit ans. Personne, tout d'abord, n'avait prêté attention à sa disparition. Ce n'est qu'au bout d'un moment que les enfants s'inquiétèrent et que leur mère s'affola, sous les rires des autres estivants. La famille se composait de quatre filles et du garçon, né entre les deux aînées et les deux cadettes. « Nous étions aussi alarmées que les adultes, me confie Laura, mais personne n'a pris en compte ce que nous pouvions ressentir. »

Lorsque la gendarmerie est intervenue, la mère de Laura a conseillé à sa fille d'accompagner son père dans leurs recherches : « Pour éviter qu'il ne se suicide », lui a-t-elle expliqué. Le petit garçon fut retrouvé à plusieurs kilomètres de là. On entoura les parents sans que personne ne songe un seul instant à la souffrance des fillettes : « Il aurait mieux valu perdre l'une des filles que le garçon », surprenaient-elles parfois dans les discussions. Un jour, Laura fut carrément désignée par une voisine peu délicate. « Elle expliqua posément à ma mère qu'il aurait mieux valu que je meure à la place de mon frère : un fils unique et trois filles auraient amplement suffi à mes parents. »

Dès lors, la vie de famille se réorganisa autour du souvenir de l'enfant : les photos en guise de cadeaux de

Noël, « pour ne jamais l'oublier », les rappels à l'ordre incessants : « Pensez à votre frère, vous oubliez votre frère, vous ne pleurez pas assez votre frère, vous n'avez pas assez aimé votre frère... » Quelle place pour l'enfant survivant, en quête incessante de l'amour de sa mère et lui-même endeuillé ?

Laura a très bien cerné la difficulté de ses parents à faire le deuil de leur petit garçon. Leur chagrin était trop vif pour prendre suffisamment de distance vis-à-vis de leurs filles, pouvoir les rassurer quant à l'amour qu'ils leur portaient et leur bonheur de les voir vivantes. Elle ajoute cependant : « L'entourage aurait dû se montrer plus lucide et nous conserver la place qui nous revenait dans ce deuil. Les oncles, les tantes, les voisins auraient dû se charger de nous ; ils ne l'ont pas fait. Bien au contraire, ils n'ont cessé de nous repousser hors du cercle familial, comme si nous ne comprenions pas la douleur de nos parents et comme si nous étions, nous-mêmes, incapables du moindre sentiment. Lorsqu'une famille est ainsi atteinte, c'est aux autres adultes de montrer la voie. Il importe qu'en aucun cas, les enfants d'une même fratrie ne soient rejetés, constamment culpabilisés. » Elle conclut, apaisée : « Mais, avec la naissance de leurs petits-enfants, mes parents ont réussi le travail de deuil de leur fils. Ils vont enfin trouver la paix. »

MARRAINE

Ma belle-mère, Marie R., avait une sœur, d'un an son aînée, que toute la famille a toujours appelée Marraine.

Je l'ai peu connue durant les premières années de mon mariage. Elle voyageait beaucoup et tout le monde s'accordait pour dire qu'elle cultivait une forte personnalité en même temps qu'un caractère exécrable. Elle abordait ses quatre-vingts ans lorsque je l'ai, peu à peu, découverte ; et je me suis mise à l'aimer profondément. Hormis le corse et le français, elle parlait l'italien, l'espagnol, l'anglais, l'espéranto et le russe. Elle s'était initiée à la sténographie, au braille et à la pyrogravure. Elle peignait et écrivait ; l'été 1998, à l'occasion d'une exposition à laquelle elle participait, ses poèmes et ses peintures furent à l'honneur sur FR3 Corse. Elle fêta ses quatre-vingt-quinze ans cette année-là et tout le monde lui souhaita bonne route vers son centenaire. Qui en aurait douté en la voyant conduire vaillamment sa voiture ?

Comme beaucoup de timides, Marraine avait la voix forte et le sourire contraint. Il fallait renouveler vingt fois la même invitation pour qu'elle accepte de s'asseoir à notre table. Elle se tenait toujours à distance, mais bien plus attentive que nous le pensions. Elle était aimante au-delà de tout et passait son temps à le dissimuler. Mauvaise tête et cœur d'or, aurait-on pu dire. Tout cela parce qu'une petite sœur – Marie, ma belle-mère – était arrivée un an après sa naissance. Marraine devait en souffrir pour le restant de ses jours. Cela peut paraître excessif ; telle fut pourtant l'histoire de ces deux sœurs.

Marie était belle, gracieuse, intelligente et coquette. Marraine se croyait laide et renâclait visiblement à s'embellir. Elle portait cheveux courts, talons plats et pantalons qu'elle tint, sur la fin de sa vie, à l'aide de bretelles.

Je ne lui vis jamais aucun bijou, ni aucun fard. « Lorsque nous étions jeunes filles, me confia-t-elle un jour, il arrivait que mes amis nous rendent visite. Ils passaient auprès de moi le temps de me saluer et entouraient ma sœur durant toute l'après-midi. » Et d'ajouter : « Il n'y avait, sur la terre, qu'un homme comme son mari. C'est elle qui l'emporta ! »

Demeurée célibataire, Marraine s'éloigna. Toutes deux étaient institutrices, l'une sur le continent, l'autre en Corse. Loin de Marie, elle compensa sa souffrance en se jetant à corps perdu dans les études. La vieille fille ingrate qu'elle croyait être – et dont elle cultivait à souhait le personnage – se métamorphosa en puits de science.

Bien plus tard, la maladie de Marie la ramena en Corse. A l'époque, je connaissais peu Marraine. Il me fallut quelques années pour l'« apprivoiser » et obtenir qu'elle nous rejoigne, l'été, dans notre maison de vacances, où elle possédait un appartement. C'est là que je la découvris, secrète, d'une sensibilité extrême et d'une grande richesse intérieure, toujours prête, malgré son âge, à vivre intensément chaque instant. Elle demeurait à l'écart lorsque nous soignions Marie, mais avec quelle acuité, quelle inquiétude, quelle souffrance elle observait cette sœur dont l'esprit s'était évadé !

Quelques années auparavant – elles allaient toutes deux sur leurs quatre-vingts printemps –, j'avais surpris Marraine en train d'interdire à Marie d'arroser les fleurs sous la chaleur trop forte. Pur exercice d'autorité, Marie n'ignorant pas les règles du jardinage. Je vis Marie se redresser, taper du pied et répondre à sa sœur : « Puisque tu me l'interdis, je le ferai quatre fois ! » Nous riions aux larmes devant de telles scènes et pouvions imaginer sans peine leurs altercations de petites filles.

Un jour que ma belle-sœur câlinait Marie avant qu'elle ne s'endorme, Marraine observa longuement la scène du seuil de la porte. Puis elle s'éloigna, ordonnant haut et fort : « Vous me dispenserez de toutes ces papouilleries lorsque mon tour viendra ! » En fait, elle mourait d'envie d'être cajolée, aimée. Malgré sa souffrance de voir sa sœur désorientée et entièrement dépendante, la grande injustice de sa vie se répétait : même dans ses derniers moments, Marie était entourée, choyée par les siens, tandis qu'elle, Marraine, vivait dans la peur de terminer ses jours seule. Maintes fois, nous dûmes la rassurer : jamais nous ne l'abandonnerions.

Marraine ne nous laissa pas le temps de tenir notre promesse de l'accompagner. Marie mourut un dimanche, à une heure du matin. Sa sœur rendit son dernier soupir quinze jours plus tard, un dimanche, à une heure de l'après-midi. Il y eut, paraît-il, beaucoup de grippes cet hiver-là... Pourtant, je demeure intimement convaincue que Marraine a refusé de survivre à sa sœur. A la fois si proches et si éloignées l'une de l'autre tout au long de leur vie, elles s'étaient enfin rejointes.

Marraine aurait pu devenir centenaire. Une belle santé et une farouche envie de vivre l'auraient menée sans encombre jusqu'à ce grand âge. Je reçus la nouvelle de sa mort comme un coup de poing. Une trahison. La même révolte gronde toujours en moi un an plus tard : « Elle n'aurait pas dû nous faire ça. »

Quelques mois après sa mort, dans la maison où nous nous retrouvions chaque été, j'ai ressenti jusqu'au fond de ma chair le sens du mot « membre », au sens familial du terme. Chaque matin, en passant devant son appartement, je m'attendais à la voir paraître. Elle m'avait toujours attendue pour un petit déjeuner en tête à tête. Mais sa porte demeurait désespérément close et je passais mon chemin, écartelée, déchirée, disloquée. Le bruit de la clé, sa silhouette sur le seuil, son bonjour joyeux, notre premier café, complices, dans l'air déjà chaud du matin... Comme me manquaient tous ces petits rites de bonheur ! Quelques secondes plus tard, je ralentissais le pas et passais sur la pointe des pieds devant la chambre de ma belle-mère. Je ne m'étais pas encore habituée à l'idée qu'elle ne dormait plus derrière la porte. Comme ces deux femmes me manquent ! Comme elles ont compté dans ma vie !

Nous nous étions peu à peu habitués à l'idée de la mort de Marie. Celle de Marraine nous secoua comme un coup de grand vent. L'été suivant sa disparition, je pénétrai dans l'appartement qu'elle avait fait restaurer, l'année précédente, pour y vivre de longues années encore. Livres, disques, magnétophones, abonnements de toutes sortes, cahiers de vocabulaire en cinq ou six langues occupaient, soigneusement classés, des armoires entières : toute une vie de rêves, de quête incessante de vérité et de savoir. Dans le buffet de la cuisine, mille petits trésors auxquels je n'osais toucher : bouts de ficelle soigneusement noués, une dizaine de bouchons dans un sac en plastique et, dans un couvercle de bocal retourné, quelques punaises... Je fus envahie par un étrange sentiment de piété. Devant l'armoire dont le vieux bois craquait, je cédais au besoin de me « fondre » dans la vie de ces femmes qui avaient su conserver tout leur sens aux choses les plus humbles.

Ô ! deuils d'une vie, comme vous êtes exigeants… Deuil de cette tante qui m'avait abandonnée, mais aussi deuil de moi-même, si cruellement, si définitivement sevrée de sa tendresse, de ses attentions, de ses réponses à d'incessantes sollicitations ! Marraine avait toujours le bouchon ou la punaise qui me manquait. Elle disparaissait, et réapparaissait, quelques minutes plus tard, m'offrant dans le creux de sa main cette petite chose insignifiante qui, soudain, me facilitait la vie. J'ai refermé la porte sur les trésors que sa patience et son respect avaient déposés là. Au-delà de sa mort, elle me montrait un chemin nouveau. De son absence et des souvenirs qu'elle m'abandonnait, je décidai de faire le deuil plus tard. Je n'en avais, pour l'heure, ni la force, ni le courage. Elle nous avait quittés trop vite et trop tôt pour rejoindre une sœur qu'elle avait aimée et sans doute haïe au-delà de toute raison. J'espérais simplement qu'elle avait mesuré, avant de la suivre, l'immense place qu'elle avait tenue dans notre vie, et qu'elle s'était réchauffée aux quelques années de tendresse que nous lui avions offertes.

8

DEUIL D'UN CONJOINT

« Je vois un groupe sur la mer
Quelle mer ? Celle de mes larmes
Mes yeux mouillés de vent amer
Dans cette nuit d'ombres et d'alarmes
Sont deux étoiles sur la mer. »

(Paul Verlaine, « Un veuf parle ».)

La perte d'un mari ou d'une épouse s'appelle le veuvage.

Chacun devine à quel point le deuil d'un compagnon de vie est lourd à porter. La France compte presque six fois plus de veuves que de veufs, tous âges confondus. Les femmes jouissant d'une meilleure espérance de vie que les hommes, la plupart des veufs âgés meurent peu après le décès de leur épouse, tandis que les veufs plus jeunes se remarient rapidement.

Après avoir été « épouse de » ou « femme de », les femmes ont longtemps porté sur leur état civil, leurs cartes de visite, leur courrier, la mention « veuve de », comme si elles étaient définitivement vouées à ce statut. Cet usage, sauf dans l'état civil, a presque disparu. La perte d'un conjoint est aujourd'hui un traumatisme d'autant plus discret qu'il ne s'affiche plus. Dans nos sociétés tout entières préoccupées de vie, d'apparence et de consommation, aucun signe extérieur ne distingue plus la personne en deuil, ne la désigne plus à la collectivité, hormis, je l'ai bien souvent remarqué, un amaigrissement, un affaissement du corps durant les mois qui suivent la perte.

LE VEUVAGE CHEZ LES PERSONNES ÂGÉES

Les relations, dans une vie de couple, sont en général ambivalentes. Attirance, répulsion, tendresse, colère, passion, révoltes, chagrins, déceptions sont autant de sentiments qui lient un homme et une femme tout au long des années passées ensemble. Pour cohabiter, que d'efforts ont-ils dû s'imposer, à quels renoncements ont-ils dû se soumettre ! Demeurent l'habitude, la tendresse, la nostalgie de ces jeunes années qui les ont unis, les souvenirs des bons et des mauvais moments, presque une incapacité à ne plus vivre l'un sans l'autre. La séparation liée au deuil est d'autant plus douloureuse qu'elle implique, outre la disparition du conjoint, la perte de mille repères qui tissaient la vie de tous les jours : habitudes, rites, échanges, dont il faut se déshabituer et dont l'absence plonge le survivant dans un grand vide. C'est un pan entier de vie qui s'effondre, la fin d'une histoire qui s'est écrite au jour le jour durant tant d'années. Un profond déséquilibre s'ensuit, provoquant angoisse et désarroi. Privé de cet autre lui-même qui constituait leur couple, le conjoint survivant affronte des moments dramatiques. Il arrive que les traumatismes de la première enfance resurgissent et s'accompagnent d'une angoisse d'abandon qui pourra rendre la fin de vie – et celle de l'entourage – particulièrement éprouvante. Les enfants se sont éloignés, les amis sont morts, les voisins sont nouveaux. Après l'enterrement, c'est le grand silence qui s'installe et c'est avec lui qu'il va falloir dorénavant cohabiter.

Les hommes supportent difficilement la disparition de leur épouse. Chaque fois que j'y réfléchis, je me dis qu'en somme, un homme qui perd sa femme perd également sa mère. Dans les générations passées, le rôle imparti à la femme – tenue de la maison, courses, repas, soins – était identique à celui que le mari avait vu remplir par sa mère lorsqu'il était petit garçon. La perte est d'autant plus terrible si le veuf n'avait aucune activité : engagement dans le monde associatif, politique ou sportif, etc. Sa solitude, après le décès, n'en est que plus insupportable.

Crises cardiaques, cancers, dépressions sévères sont des réactions que l'on observe souvent chez les hommes après le décès de leur épouse. Ils s'abandonnent à la maladie et à la mort. Franz-Olivier Giesbert, dans la biographie qu'il a consacrée à François Mitterrand, écrit : « L'un de ses amis, maire de la Nièvre, qui rendit l'âme devant lui, n'avait pas supporté la disparition de sa femme, emportée par un cancer. Il avait dit alors : "Je veux mourir." Quelques jours plus tard, les médecins avaient diagnostiqué un cancer – le même que celui de son épouse. C'est une histoire que François Mitterrand aime raconter. Il est mort de nostalgie[1]. »

1. Franz-Olivier Giesbert, *Le Président*, Le Seuil, 1990.

Certains veufs savent reprendre leur vie en main. Ils s'occupent de leurs petits-enfants, s'investissent dans une activité sociale ou artistique qui les absorbe. Soit ils assument leur nouvelle solitude à travers leur art, soit ils s'engagent dans des clubs où ils rencontrent du monde et nouent des amitiés. Échanges, projets, occupations de toutes sortes leur permettent de donner un sens à leur nouvelle vie ; ils ne s'isolent pas dans un travail de deuil solitaire et douloureux. Ils puisent dans le partage quelque apaisement à leur souffrance, ainsi que la force d'entreprendre et de continuer à vivre. Certains, même âgés, trouvent l'âme sœur avec qui ils refont leur vie, mais ce dernier cas, s'il est beau, reste rare.

La solitude est ce qui blesse le plus les veuves. Souvent, je les entends se plaindre que leurs amis, depuis le décès de leur mari, ne les invitent plus, voire les fuient, tout simplement. Il est vrai que, dans certains milieux – militaire, diplomatique, politique, etc. –, la femme n'a existé qu'à travers les fonctions de son mari. Après sa disparition, la plus profonde des solitudes devient son lot quotidien. Au deuil de l'époux s'ajoute le deuil d'un statut, des relations et amis, de tout un milieu. Une mort sociale s'annonce, à laquelle, bien souvent, la veuve ne s'attendait pas. Certaines trouveront la force de lier de nouvelles amitiés. D'autres garderont le deuil – celui de toute une vie – pour le reste de leurs jours.

Tant de coups de cœur et de chicaneries ponctuent la vie d'un vieux couple ! Combien de fois ai-je entendu l'une de mes voisines, âgée d'un peu plus de soixante-dix ans, se plaindre, avec une tendresse bourrue, d'un mari qu'elle vouait au diable ! Tout y passait : les portes toujours ouvertes sur le froid du dehors, les traces de boue sur le carrelage de la cuisine, les pantoufles jamais rangées... Et le chien ! Le chien qu'*il* s'était offert, lui, le chasseur, mais dont *elle* devait s'occuper !

Son mari décéda en quelques jours. Je ne renonçai pas à nos conversations. Au contraire, je devinais son chagrin et espérais lui procurer un peu de réconfort. Dans un flot ininterrompu de paroles, que de regrets émergeaient ! Regret du temps où la vieille maison vibrait, où l'air frais s'engouffrait par les portes entrouvertes, où les pantoufles traînaient au milieu du chemin, où les traces maculaient le carrelage. Pour qui se mettre à vivre dès le matin ? Pourquoi se lever, s'habiller, à quoi bon cuisiner ? Et soudain, je voyais s'adoucir le regard de cette vieille dame qui me racontait l'inutilité de sa vie, sa voix s'égayait : « Heureusement que j'ai le chien. C'est mon seul ami, tout ce qui me reste. Sans lui, je ne sais pas ce que je deviendrais ! »

Elle abandonna le potager, puis le poulailler, et s'inscrivit sans tarder dans un club du troisième âge. Malgré son chagrin, en dépit de moments très difficiles, elle s'obligeait à dépasser ce lourd traumatisme et à lui survivre. A ses volets clos, je devinais qu'elle s'en était allée dans sa famille, voyage qu'elle ne s'était jamais permis du vivant de son mari. Elle me confia qu'elle se rendait souvent sur sa tombe, pour lui parler. Il me sembla longtemps, en la regardant s'éloigner devant moi dans la rue, qu'elle rapetissait, que la souffrance la tassait dans ses vêtements – toujours aussi élégants –, devenus trop grands. Mais elle tint bon, entre la grande maison vide, le chien, les nouveaux amis qu'elle se fit au club et ses escapades dans sa famille. Elle avait lutté victorieusement contre un cancer du sein ; elle affronte courageusement son travail de deuil. Elle vieillira certainement longtemps, ayant planté de nouveaux repères – les siens – dans cet univers qu'elle partagea si longtemps avec son époux et dont, peu à peu, elle fait le deuil.

LE VEUVAGE CHEZ LES PERSONNES JEUNES

Si la perte est aussi douloureuse pour les personnes âgées que pour les plus jeunes, ces derniers ont sans doute plus de difficulté à l'assumer et à le surmonter. La perte d'un conjoint encore jeune me fait penser à la chute d'un oiseau abattu en plein envol.

Aussi intense pour l'épouse que pour le mari, la souffrance n'est cependant pas vécue de la même manière. Plus introverti, prisonnier d'un rôle que la société lui a attribué durant de très longues années – ne pas pleurer, être fort et courageux, cacher son chagrin –, l'homme dissimule ses sentiments, non sans douleur. Il fuit ses jeunes enfants, les abandonnant à l'entourage, refusant d'affronter avec eux cette réalité qu'il ne sait ou ne peut verbaliser. En fait, il se protège, car s'obliger à dire cette vérité reviendrait à la reconnaître et à devoir la vivre sans masque : sangloter, regretter, se lamenter, confier sa peine à ses parents, à ses enfants, tous sentiments interdits. A cela, il préfère opposer une activité professionnelle ou amoureuse débordante : son image demeure intacte, virile. L'honneur est sauf.

Dans ce deuil bien particulier, les enfants sont souvent oubliés. L'idéal, pour permettre à une jeune famille d'entamer un réel travail de deuil, serait que le père accepte de vivre pleinement le traumatisme de la perte. Ce qui, il faut le reconnaître, est extrêmement dur. La jeunesse n'est pas l'âge des deuils ; c'est au contraire l'époque de l'amour, de l'espoir, des plaisirs et des rêves de bonheur chaque matin reconstruits. C'est l'âge des naissances, de l'enfance innocente, l'âge de l'insouciance, d'un féroce appétit de vivre. Heureusement ! Nul n'est jamais prêt à ce que la maladie et la mort entravent un si beau parcours. Un jeune époux est fragile, ses enfants aussi. Avant même d'admettre la disparition de sa femme, c'est avec la vie qu'il doit régler un sérieux compte. Quelle ineptie ! Quelle injustice ! Quelle blessure ! L'affrontement avec la réalité est dévastateur. Et il se sent terriblement seul, lui à qui l'on a recommandé courage, tenue et dignité.

Un jeune père – ou une jeune mère – qui vient d'apprendre la maladie et la mort prochaine de son conjoint devrait immédiatement être entouré(e) de spécialistes. Qu'il puisse, dans le secret d'un cabinet, crier, pleurer, dire sa peine sans honte ni limite. Ses propres affects apaisés, il pourrait aller au-devant de ses enfants pour les guider sur ce chemin difficile qui s'annonce. Le deuil pourrait s'élaborer en famille, la souffrance se dire, s'entendre.

Il arrive que les grands-parents prennent leurs petits-enfants en charge, lors de ces pénibles moments. Eux aussi doivent pourtant assumer la perte d'un de leurs propres enfants.

Face au désarroi des familles endeuillées d'une jeune maman, aides à domicile et travailleuses familiales sont souvent perplexes. Elles me disent : « Comment réagir en face de ces enfants ? Leur mère est morte depuis plusieurs jours ou plusieurs semaines, personne ne leur a rien dit et ils me questionnent. » Je demande toujours, dans ce cas, quel rôle tient le père dans ce drame. Elles me répondent : « Je le vois rarement et, lorsqu'il est là, il se tait. »

Le désespoir de ces jeunes pères est flagrant. Il faut les aider, leur faire comprendre que rien ne sert de vouloir protéger leurs enfants par le silence et la fuite. Ces moments difficiles ne favorisent malheureusement pas ce type de conversation. C'est toute une éducation qui est à faire, à laquelle nul ne songe lorsque le bonheur plane sur une famille. Heureusement, d'ailleurs. Il n'empêche que ces messages sont nécessaires. Ce sont trop souvent des ouvrages spécialisés qui se chargent de les divulguer, or ils ne sont guère lus par le grand public. C'est donc aux médecins, aux prêtres, aux psychologues intervenant en milieu hospitalier, au personnel soignant d'aborder le problème des enfants avec le jeune père et de lui indiquer les aides et les moyens à sa disposition pour que lui-même et sa famille puissent commencer un travail de deuil libérateur. Pourquoi ne voit-on jamais d'émissions télévisées sur le sujet ? Pour que des adultes et des enfants en proie à une grande souffrance reviennent plus aisément au monde de la joie et du rire – en un mot, de la vie –, ne conviendrait-il pas de les soutenir dans ces moments particulièrement difficiles ?

Chaque fois que j'ai rencontré des jeunes femmes en deuil de leur époux, j'ai été frappée par leur esprit combatif en même temps que par la verbalisation d'une souffrance qu'elles n'hésitaient pas à afficher, et qui ne se traduit pas forcément par des larmes, mais s'écoule à travers des flots de paroles. A ceux qui les écoutent ne vient plus qu'un désir : leur venir en aide.

Beaucoup de femmes, dans les premiers mois de deuil, vivent en proie à l'impression que leur mari se trouve toujours près d'elles : « Il ne m'a pas quittée. Je le sens, il est là, tout près de moi. Je n'ai qu'à tendre la main, je pourrais le toucher. » Illusion, incapacité à accepter la perte, à imaginer la disparition définitive ? Une jeune veuve, alors que l'on répandait dans la mer les cendres de son époux, selon son désir, eut cette réflexion pathétique : « L'eau est glacée, il va avoir froid. »

Contrairement à beaucoup de veufs, une épouse en deuil rassemble autour d'elle ses enfants. Dans la plupart des cas, manifestement, le travail de deuil s'opère plus aisément. Mais d'autres problèmes surgissent : après le décès, la situation financière de la famille change. Il faut pallier certaines dépenses, rechercher un emploi si la jeune mère ne travaillait pas. Les enfants vivant différemment la perte de leur père, de nouveaux rôles se dessinent qu'il convient de reconnaître et d'accepter, ce qui n'est pas toujours aisé. Les enfants sont également mis à contribution : si la mère doit travailler, les petites corvées doivent être partagées. Ils sont également plus souvent appelés à certaines responsabilités. L'autorité, souvent dévolue au père, est reprise par la mère. Les enfants ou adolescents en souffrance étant imprévisibles, ce rôle peut se révéler très lourd, et c'est la famille tout entière qui doit affronter ces moments difficiles, ces combats âpres et ces questionnements ardus auxquels est confrontée la jeune veuve. Certaines y font face, d'autres trouvent la charge écrasante. Comme la mort du père – la plupart du temps – n'est pas dissimulée, c'est une lutte commune que la famille entreprend pour sa survie. Une certaine dynamique peut s'en dégager, reconstructive si elle est bien menée.

Comme les veuves âgées, les jeunes veuves me confient qu'elles ne sont plus invitées par d'autres couples amis. A en croire certaines, le drame de leur vie brisée serait contagieux ; d'autres affirment qu'elles sont vues comme des rivales, et donc écartées. Quel dommage que la chaleur de l'amitié et le simple désir d'aider ne soient pas, dans pareille circonstance, le seul souci des anciens amis ! Tant de questions, de regrets, de reproches agitent la jeune veuve : « Pourquoi mon mari ? pourquoi ne s'est-il pas montré plus prudent ? pourquoi nous a-t-il abandonnés ? pourquoi m'a-t-il fait cela, à moi ? Aimait-il si peu ses enfants pour les avoir quittés si tôt ? Et pourquoi l'a-t-on si mal soigné ? Dans un autre hôpital, peut-être... » Nulle logique dans ces accusations qui ne font apparaître qu'un grand désarroi et auxquelles viennent se mêler de profonds regrets. Quel couple n'a pas vécu de disputes, d'affrontements, n'a pas échangé de paroles acerbes ? Et voilà que le souvenir en revient comme autant de regrets torturants !

Il est important que ces femmes en souffrance conservent certains points de repère au sein de leur entourage, pour reprendre un jour goût à la vie. Comme il est important qu'elles s'imposent de ne pas rester prostrées dans leur lit, devant leur téléviseur ou dans leur appartement. Ces temps de renoncement, même s'ils se produisent et procurent une sensation d'apparent repos, voire de bien-être fugitif, ne doivent pas se renouveler trop souvent. C'est vers la vie que la jeune femme en deuil doit tourner ses regards. Souvent, ses enfants l'y poussent ; cependant, même seule, elle doit penser à elle-même et s'obliger à des activités, pour ne pas vivre dans le passé et renoncer à l'homme qui n'est plus. Parfois, certaines jeunes veuves songent à s'enfermer dans le souvenir de leur mari : elles continuent de vivre comme s'il était toujours présent, passent ses disques, s'habillent comme pour lui. Le rôle des amis ne peut être que bénéfique. Ils peuvent inviter, écouter, tenter de distraire, sans forcément se sentir obligés de prendre la jeune femme en charge. Il suffit de lui faire comprendre qu'ils sont là, prêts à l'entendre, à l'accompagner, à l'aider.

Le deuil d'un conjoint est une rupture cruelle et dévastatrice, qui implique une profonde reconversion du survivant. La perte de l'être aimé ouvre sur un chemin de souffrance, de solitude et de renoncement. Non seulement l'endeuillé doit faire son deuil d'un passé heureux et d'un avenir qui s'était élaboré et rêvé à deux, mais il doit également renoncer à cette partie de lui-même qui ne sera plus jamais. Redouter de sombrer dans la folie, de ne pas survivre à l'épreuve, céder à de furieux accès de révolte, s'engager à renoncer à tout espoir de nouvelle vie sont autant de réactions normales après la mort d'un conjoint. L'entourage – famille, amis, voisinage –, avec patience, délicatesse et amour, peut aider l'endeuillé dans ce dur passage. Écouter sans porter de jugement, sans conseiller, peut être d'un grand secours. La douleur qui a pu se dire s'estompe et s'apaise peu à peu. Une autre vie s'ouvre devant le veuf ou la veuve qui bénéficie d'un accompagnement discret et chaleureux.

Le deuil n'est pas contagieux. Tout le monde peut instaurer une relation d'aide avec ceux qui en souffrent. Il suffit de se montrer humain, tout simplement.

9

L'IMPOSSIBLE DEUIL DE CEUX QUI NE SONT JAMAIS REVENUS

« Ils étaient arrêtés, enlevés, emportés loin de France. Et jamais plus on n'avait la moindre nouvelle d'eux, jamais le moindre signe de vie, jamais. Même pas prévenir que ce n'était plus la peine d'attendre, qu'ils étaient morts. Même pas arrêter l'espoir, laisser la douleur s'installer pendant des années. »

(Marguerite Duras, *La Douleur,* POL, 1985.)

Intense souffrance de l'esprit et du corps, le deuil est aussi une souffrance de la mémoire. Surtout lorsque la disparition de l'être cher ne s'est inscrite nulle part, lorsque les rites de séparation n'ont pas pu se vivre et lorsque, malgré l'absence, subsiste l'espoir insensé que l'époux, l'enfant, le frère ont réussi à survivre quelque part.

Il existe des rites pour ces disparus dont les corps n'ont jamais été retrouvés, notamment en Bretagne. Lorsqu'un chalutier sombrait avec tout son équipage, des stèles étaient érigées face à la mer, portant le nom des disparus. Les veuves venaient s'y recueillir.

De nos jours, lors de cérémonies religieuses, les familles déposent dans des tombes creusées à cet effet des objets appartenant à celui dont le corps n'a pas été retrouvé. Il existe donc des lieux symbolisant la fin de la vie de l'absent, même si celle-ci n'est pas expressément prouvée. Ces lieux sont nécessaires pour que le travail de deuil puisse s'élaborer.

La presse parlée s'est faite l'écho d'un événement qui m'a profondément troublée par sa cruauté, et qui montrait à quel point le rite est nécessaire au survivant pour continuer à vivre et apaiser la douleur de la perte. Le journaliste évoquait la guerre en Tchétchénie. Un train rempli de cadavres de soldats russes était rentré sur le sol natal. Les mères recherchaient les corps de leurs fils entassés dans les wagons. L'une d'elles, n'ayant pas trouvé l'enfant dont on lui avait annoncé la mort, se dirigea vers l'un des wagons qui ne contenait que des restes épars. Ne trouvant toujours pas, elle rassembla quelques morceaux de corps qu'elle emporta pour les déposer au cimetière. Trois kilos deux cents grammes, précisa froidement le journaliste ; le poids que pesait son fils à la naissance, devenu le seul symbole la reliant à jamais à son enfant. Elle se donnait ainsi les moyens – épouvantables – de sacrifier au rituel de deuil. Ce geste allait lui permettre d'ériger un lieu de souvenir, de s'ancrer dans la réalité de la perte, de pleurer son fils et de survivre.

Le XXe siècle fut un siècle de progrès et de barbarie. Deux guerres mondiales, d'innombrables conflits régionaux, la tyrannie sous toutes ses formes, du Chili à la Corée du Nord… Des familles entières vivent toujours sans pouvoir faire le deuil de leurs conjoints, de leurs enfants, ou de leurs petits-enfants disparus dans la tourmente, sous la botte de régimes sans foi ni loi, accoutumés non seulement au meurtre, mais aussi à laisser les familles des victimes dans l'ignorance de leur mort et du lieu de leur supplice et de leur sépulture. Pas de corps, pas de mort, rappelons-le. Les témoignages mêmes de ces décès sont escamotés. Comme l'Histoire finit toujours par s'écrire, les atrocités se font jour, renforçant ceux qui n'ont cessé ni d'espérer ni d'attendre dans la négation d'une réalité insupportable. Le déni étant la première phase du travail de deuil, comment passer aux autres phases, qui permettraient que ce travail évolue vers une conclusion moins douloureuse ?

LE DEUIL IMPOSSIBLE DES ENFANTS DE DÉPORTÉS JUIFS

L'un des exemples les plus frappants de l'incapacité à entamer un travail de deuil est celui qui touche les enfants de parents déportés par les nazis pendant la Seconde Guerre mondiale. Claudine Vegh, pédopsychiatre, leur a consacré un ouvrage intitulé *Je ne lui ai pas dit au revoir*[1], écrit quelque trente ans après ce drame. Son livre, constitué de témoignages et d'entretiens, traduit bien l'angoisse, le désespoir, la difficulté à survivre de ces enfants devenus adultes sans avoir jamais pu évoquer ce qu'ils avaient vécu, pleurer, se recueillir sur une tombe, voire simplement se souvenir

1. Claudine Vegh, *Je ne lui ai pas dit au revoir*, Gallimard, 1980.

et admettre la mort d'un père ou d'une mère arrêtée, un matin, parfois devant eux : « Petit à petit, sans jamais en parler, pour ce qui était de ma mère, nous n'avons plus espéré, l'attente était terminée. »

Dans le même ouvrage, un homme témoigne : « Quand j'ai vu à la télévision le camp d'Auschwitz, les douches où ma mère a probablement été gazée, je n'ai pas mis d'images dessus, surtout pas... » Aucune parole, aucune représentation, donc aucune réaction affective qui aurait permis d'admettre une mort redoutée. « Surtout pas », dit l'enfant qui, devant une réalité tant de fois écartée, niée, refoulée, finit par la trouver si écrasante, si insupportable qu'il ne parvient plus à l'assumer. C'est à lui, et à lui seul, après tant d'années, que revient la tâche insurmontable de « tuer » sa mère.

Un autre de ces enfants, dont le père n'est jamais revenu, débute son entretien avec Claudine Vegh de la manière suivante : « Tu sais, on va parler, mais parler de quoi ? J'ai l'impression que rien ne vaut la peine d'une pensée... et surtout pas cette époque-là. Je n'en ai jamais parlé, même avec ma femme, surtout pas avec ma mère et j'essaie de ne jamais plus y penser. Alors, cet entretien, je l'ai accepté parce que c'est toi. Mais oui, il ne fallait pas que tu t'imagines que j'étais incapable d'affronter cela, je ne veux pas fuir. » Un autre encore : « Je n'ai plus de souvenirs, à tel point que je ne sais pas si mes souvenirs m'appartiennent ou si c'est seulement ce qu'on m'a raconté. » Ces confidences, au moment d'affronter le passé, soulignent bien la difficulté à renouer avec un drame demeuré inachevé. Dans le travail de deuil, la mort s'affirme comme la fin de la vie, elle clôt la période de l'existence pour ouvrir sur la période de mort qui se déroule, au fil des rites et du processus de deuil, jusqu'au réinvestissement. L'arrestation du père, de la mère, voire des deux parents, puis leur disparition sans plus de nouvelles, a privé ces enfants du moment de forclusion nécessaire à toute possibilité de deuil et de réinvestissement. Désespérément accrochés à la scène douloureuse de la séparation, ils ont refusé d'établir la moindre relation avec ce qu'ils ont entendu, découvert ou deviné par la suite. Imaginer eux-mêmes ce destin tragique et l'accepter revenait à s'imposer ce qu'ils redoutaient par-dessus tout : la mort de leurs parents. Tâche à la fois lourde et impossible pour des êtres si jeunes, pourchassés eux-mêmes, confiés à des inconnus, orphelins de tous ces adultes qui les entouraient sans forcément les aimer. N'est-ce pas inhumain de tenter de faire le deuil de ses parents, alors que l'on est soi-même en survie et que le quotidien n'est qu'une question de vie ou de mort ? L'incertitude du moment, indéfiniment prolongée dans les années qui suivirent, fut pour eux leur seule et unique chance de survie : « Je ne posais jamais une question au sujet de mes parents », se souvient une femme, tandis qu'une autre confie : « J'ai réalisé la disparition définitive de mes parents grâce au livre des Klarsfeld[1]. Quand j'ai vu, à la date du 29 avril 1944, le nom de mes parents, quel choc ! Trente-cinq ans après ! Il m'a fallu trente-cinq ans pour admettre, finalement... Tu sais, j'ai gardé l'espoir si longtemps ! »

1. *Le Mémorial de la déportation des Juifs de France,* 1978.

Un autre encore : « Je les ai attendus dans mon enfance, j'imaginais très souvent notre rencontre ! Malgré moi, en voyant une silhouette qui me rappelle mon père ou ma mère, j'ai envie d'espérer des choses stupides : ils ont été faits prisonniers par les Russes, ils viennent d'arriver en France, ils me cherchent. Je n'ai jamais voulu changer quoi que ce soit à mon nom pour cette seule raison : qu'ils puissent me retrouver, si par hasard... » En ces temps difficiles, il fut en effet souvent imposé à ces enfants de changer d'identité. Quel traumatisme que d'abandonner ce seul lien qui les reliait à ceux qui venaient de disparaître ! N'est-ce pas comme si on les avait tués une seconde fois ? Un adulte peut comprendre ces contraintes et s'y soumettre momentanément. Mais un enfant ! Comme ces deuils furent douloureux, insurmontables !

Certains vécurent l'arrestation de leur père jusqu'au plus profond de leur chair : « D'ailleurs, je sais pourquoi je ne veux pas penser à mon père. Vois-tu, autant te le dire immédiatement, les autres pensent sûrement à leurs parents déportés avec tendresse, respect, mais moi je pense que mon père était un pauvre type ! S'être fait piéger bêtement, dans le fond, je ne lui pardonne pas cette stupidité, vois-tu ! Il aurait dû réfléchir davantage ! Je crois que c'est ça qui me dérange profondément ! » Une jeune femme témoigne de la même façon : « Je vais t'avouer quelque chose d'atroce. Je lui en veux, à mon père, je lui en veux de s'être fait déporter sans avoir tenté d'échapper à son sort. Je sais que ce que je te dis est ignoble, mais puisque aujourd'hui, je parle, je dois te dire ce que j'ai sur l'estomac depuis trente-cinq ans, tu comprends ? »

A travers ces confidences douloureuses, nous découvrons à quel point l'image du père, homme fort, invincible, capable de se sauver et de sauver les siens, est atteinte. Deuil insurmontable du père à la fois tant aimé et, en quelque sorte, méprisé pour sa faiblesse – celle de n'avoir pas su se protéger et, par là même, d'avoir exposé les siens. L'enfant se sent terriblement fragilisé par cette perte de l'image du père. Le non-dit affleure : « J'aurais pu revivre si tu avais été capable de nous protéger. » Ces enfants ont fini par apprendre que tout le peuple juif était voué à l'extermination ; ils n'ont pu s'empêcher de croire que leur père, en se rendant si facilement, les livrait eux aussi. Et Claudine Vegh de souligner : « C'est pourquoi ils ne parvenaient même pas à enterrer leurs morts. L'imagination s'y refusait : creuser sa propre fosse, passer dans les chambres à gaz, alimenter les fours crématoires. Il n'existait aucune image de référence... acceptable, pour ce qu'il est encore convenu d'appeler la dignité humaine. »

La dignité humaine ! Certains enfants recherchés par leurs bourreaux l'ont reconnue dans ces adultes qui ont risqué leur vie pour les protéger et les sauver. Mais ces cas, d'une grandeur à la fois rare et inoubliable, suffisent-ils à « faire l'impasse » sur le reste ? Suffiront-ils, un jour, à apaiser la douleur de ces adultes vieillissants qui portent leur enfance douloureuse et ploient toujours, quelque cinquante ans plus tard, sous des deuils sans issue, parce que, tout simplement, il est des deuils impossibles à faire ?

Un adulte se souvient que son père s'était rendu à une convocation de l'État français dans l'espoir insensé de sauver son épouse et ses enfants. Personne ne le revit jamais. Son fils n'a pas oublié les renoncements, les pertes, les deuils auxquels il s'est alors trouvé confronté, ni la souffrance qu'il a supportée et qu'il endure toujours : abandon d'une administration qui collabore avec l'envahisseur et livre ceux qui sont venus vivre sur son sol ; abandon de certains instituteurs qui livrent l'enfant affaibli à la haine de ses camarades et qui, refusant leur rôle d'adulte protecteur, ne lui portent aucun secours, bien au contraire. Claudine Vegh a raison lorsqu'elle en appelle à la dignité humaine. Car ce fut l'un des tours de force de l'Allemagne nazie de servir de révélateur à ceux qui, d'ordinaire, se piquaient d'humanité et s'en montrèrent, finalement, totalement dépourvus.

Un enfant en deuil est d'une extrême fragilité. Lorsque ces deuils dépassent l'entendement, quelle chance lui reste-t-il de les surmonter ? Bruno Bettelheim, dans sa postface à l'ouvrage de Claudine Vegh, écrit : « Après tout, en d'autres temps, à la suite d'autres événements catastrophiques, des enfants ont perdu leurs parents. Autrefois, c'était plus souvent en période de famine et de guerre. Cela se voit même de nos jours, dans les tremblements de terre, les inondations. Ces enfants-là souffrent cruellement, mais ils ne se sentent nullement incapables de s'exprimer sur ce qui est arrivé ; ils peuvent parler de leurs parents, dire qu'ils leur manquent terriblement. Bref, ces enfants peuvent être en deuil, ils peuvent pleurer leurs parents et, en les pleurant ouvertement, ils peuvent lentement faire la paix avec leur destin ; par conséquent, ils ne pensent pas, eux, que la mort de leurs parents leur ôte le droit de vivre. »

Plus loin, Bettelheim insiste sur l'espoir insensé que ces enfants ont conservé du retour de leurs parents, sur l'absence de preuves de leur mort, sur le corps qu'ils n'ont jamais vu, sur la tombe qui n'existe nulle part, sur les rites que nul n'a respectés : « Sans ces repères précis dans le temps, le deuil semble n'être susceptible d'aucun achèvement, et il y a des chances pour qu'il se prolonge douloureusement durant toute la vie. » Et d'insister sur l'impossibilité absolue de s'abandonner au travail de deuil : « Quand on prend le deuil, c'est pour se libérer, pas à pas, de la dépression causée par la perte, en sorte qu'on puisse continuer à vivre. Mais quand on va mourir (comme le redoutaient les enfants de parents déportés), rien ne sert de porter le deuil des autres. Seuls le désespoir et le refus sont psychologiquement possibles. »

Enfants sans deuil ! Enfants sans larmes, sans souvenirs : « Je n'ai pas de photos, même pas sa dernière lettre. » Enfants sans paroles qui, devenus adultes, ont inconsciemment transmis l'indicible jusque dans les générations futures : « Il faut que le monde sache que cette déportation nous aura marqués jusqu'à la troisième génération. C'est horrible. » Un autre confie : « Autant que je te le dise sur-le-champ : mon fils aîné, le fils de mon premier mariage, est depuis deux ans dans un centre où il est soigné pour schizophrénie. C'est affreux. » Ces troubles psychologiques que l'on retrouve dans la descendance des enfants sans deuil – et qui, la plupart du temps, ont connu une enfance et une jeunesse heureuses – soulignent la force destructrice des non-dits et des deuils non faits au sein des familles : « Les enfants des survivants et des morts en déportation sont envahis de cadavres. Ils sont entourés de revenants, de morts non enterrés[1] », écrit Tobie Nathan, psychiatre et anthropologue.

Dans le chapitre de ce livre consacré aux processus de deuil chez la fille d'un disparu en camp d'extermination, Nathalie Zajde précise : « Les pratiques de deuil sont forcément ritualisées. Le vivant n'est plus vivant, mais il "est" toujours. Il doit changer de statut et d'espace :

1) il doit passer de l'état de vivant à l'état de mort ;

2) il doit également quitter le monde des vivants et se rendre dans le monde des morts. Tous ces processus exigent d'être réalisés selon les modalités établies par le groupe culturel auquel appartient le mort ;

3) ici, ce sont des juifs : on procède alors d'après la manière juive. »

Qui s'est penché sur l'histoire de la dernière guerre mondiale et notamment sur le génocide des juifs, des tziganes et de nombreux déportés politiques, ainsi que sur les conditions dans lesquelles ces derniers ont été massacrés, sait à quel point il fut impossible aux survivants d'entreprendre le moindre travail de mémoire ni le moindre travail de deuil, les deux étant intimement liés. Alors que tous les rituels appellent au regroupement autour du mort, leurs enfants se sont retrouvés totalement isolés, en état critique de survie, seuls possesseurs d'une histoire dont ils ne connaissaient plus rien, descendant d'un parent dont la plupart n'ont jamais su ni le lieu, ni la date, ni même les conditions de mort.

1. Tobie Nathan, *Rituels de deuil, travail de deuil*, La Pensée sauvage, 1996.

LES DEUILS IMPOSSIBLES DES RESCAPÉS DES CAMPS

Quelles raisons ont poussé, bien des années après leur libération des camps d'extermination, des hommes comme Primo Levi, Bruno Bettelheim et bien d'autres, qui ne sont pas passés à la postérité, à se suicider ? Ils avaient pourtant su remplir leur vie après avoir vécu l'invivable. Ils ont écrit pour tenter d'expliquer l'inexplicable. Ils ont travaillé, soulageant la souffrance des autres – projection sans aucun doute de leurs propres souffrances. Peut-être ont-ils désespérément cherché à donner un sens à ce qu'ils avaient vécu ? Mais est-il possible de donner un sens à l'inhumain ? Leur suicide fut peut-être la seule réponse aux nombreux deuils qu'ils n'avaient, malgré les années, pas réussi à faire. Ils moururent, après avoir si longtemps côtoyé, frôlé, redouté la mort, en deuil d'humanité. Ce que j'appelle « deuil d'humanité » est l'impossibilité absolue, pour ces anciens déportés, d'amorcer un réinvestissement total et définitif ; c'est le deuil de soi-même, le deuil de l'homme confronté à l'ignoble, l'inconcevable, l'indicible, l'inoubliable. Cet homme mort à lui-même tant de fois dans ce camp conçu pour son anéantissement : « Nous n'étions qu'une quasi-humanité, une bande de singes, se souvient le philosophe Emmanuel Levinas. Force et misère de persécutés, un pauvre murmure intérieur nous rappelait à notre essence raisonnable. *Mais nous n'étions plus au monde.* Notre va-et-vient, nos peines et nos rires, nos maladies et nos distractions, le travail de nos mains et l'angoisse de nos yeux, les lettres qu'on nous remettait de France et celles qu'on acceptait pour nos familles, tout cela se passait entre parenthèses[1]. »

Au moment de quitter Buchenwald, l'écrivain Jorge Semprun se retrouve devant trois jeunes femmes de la Mission de France. L'une d'elle s'écrie en désignant la cheminée du four crématoire : « C'est la cuisine, ça ? » Il commente : « J'ai souhaité d'être mort pendant une fraction de seconde. Si j'avais été mort, je n'aurais pas pu entendre cette question. J'avais horreur de moi-même, soudain, d'être capable d'entendre cette question. D'être vivant en somme. [...] Car c'est précisément *parce que je n'étais pas vraiment vivant* que cette question à propos de la cuisine me mettait hors de moi. *Si je n'avais pas été une parcelle de la mémoire collective de notre mort*, cette question ne m'aurait pas mis hors de moi. Je n'étais rien d'autre, pour l'essentiel, qu'un résidu conscient *de toute cette mort*[2]. » Ces lignes définissent bien la part de mort permanente qui subsiste dans chaque déporté et dont il doit, inlassablement, faire le deuil pour survivre. Lui a survécu, enchaînant immédiatement sur le réinvestissement nécessaire à la fin du travail de deuil : « Et sans doute savais-je, du fond le plus archaïque d'un savoir viscéral, que j'allais revivre, reprendre le goût d'une vie possible. » Au cœur même de l'horreur, le déporté a manifestement fait les deuils de l'homme qu'il était et le deuil de l'humanité défaillante qui l'avait jeté là. Il n'hésitera pas, sitôt de retour, à continuer : « Alors, sans l'avoir prémédité, sans

1. Emmanuel Levinas, *Difficile Liberté*, Albin Michel, 1990.
2. Jorge Semprun, *L'Écriture ou la Vie*, Gallimard, 1995.

l'avoir pour ainsi dire décidé – si décision il y avait de ma part, c'était plutôt celle de me taire –, j'ai commencé à *parler*. [...] Peut-être parce que les revenants doivent parler à la place des disparus, parfois, les rescapés à la place des naufragés[1]. »

Un ouvrage entier ne suffirait pas à épuiser le sujet vaste et douloureux des deuils possibles et impossibles d'anciens déportés et à explorer la notion de deuil d'humanité. La question est à la fois complexe et redoutable, tant il est difficile d'analyser les ressorts intimes qui animèrent les anciens déportés. Ainsi Primo Levi écrivait en 1976, trente ans après son retour de Monowitz, l'un des camps de travail d'Auschwitz : « A ma brève et tragique expérience de déporté s'est superposée celle d'écrivain-témoin, bien plus longue et complexe, et le bilan est nettement positif ; au total, ce passé m'a intérieurement enrichi et affermi. » Onze ans plus tard, cet homme qui, tout au long de sa vie, avait fait preuve d'un courage et d'une dignité exemplaires, témoignant inlassablement, sans haine et sans souffrance apparentes, se suicidait en se jetant dans la cage d'escalier de son immeuble. Mon sentiment est qu'il est mort « en deuil d'humanité ». Un deuil si difficile à faire, pour ceux qui, ayant cessé de croire en un homme bon et perfectible, découvrent que l'Histoire se répète indéfiniment.

1. Robert Antelme, *L'Espèce humaine*, Gallimard, 1999.

LE DEUIL IMPOSSIBLE DES FAMILLES DE DISPARUS CHILIENS ET ARGENTINS

L'horreur nazie n'a pas empêché que se reproduisent les méfaits et les atrocités que le monde espérait ne pas revivre. Le Chili et l'Argentine, entre autres dictatures, en ont été le théâtre sanglant, avec l'arrivée de juntes militaires au pouvoir. Une trentaine d'années plus tard, qu'elles soient demeurées sur place ou qu'elles aient émigré, des familles entières n'ont pu faire le deuil de ceux qui ont été arrêtés et ont disparu sans laisser de traces. Elles n'ont jamais pu savoir ce qu'ils étaient devenus, apprendre les circonstances de leur mort ni apprendre ce qu'il était advenu de leur corps. C'est un véritable défi à la raison que d'accepter la mort d'un être aimé sans avoir obtenu la preuve formelle de son décès.

Dans les années 70, beaucoup de réfugiés chiliens sont arrivés à Paris. Je me suis liée d'amitié avec une femme qui avait été obligée d'émigrer, abandonnant au Chili un fils qu'elle n'avait jamais revu. Elle me dit un jour : « Je commence à me faire à l'idée qu'il est mort, que je ne le reverrai jamais. » A ce moment, j'ai saisi son regard : il disait tout le contraire. Sa raison concevait la perte probable de son enfant, mais tout son être continuait de la refuser. C'est une des constantes de ces régimes barbares que de priver les familles de leurs victimes de la possibilité d'en faire le deuil. De plus, les responsables de ces crimes n'ont pas été jugés ou, s'ils l'ont été, ont bénéficié d'une amnistie qui engendre, pour ceux qui n'ont cessé d'attendre, un immense sentiment d'injustice. Pour qu'un deuil s'élabore, il faut que le crime soit reconnu, jugé, puni.

Carmen Castillo, veuve d'un militant du MIR (Movimiento Izquierda Revolucionaria) abattu par la police secrète chilienne, elle-même torturée, a perdu son bébé un mois après sa naissance. Elle écrit : « Les propos que Gonzalo, démocrate-chrétien, écrivait hier me reviennent : "Il faut oublier, savoir que l'on ne rendra pas justice aux mères des disparus... Le passage à la démocratie est à ce prix." [...] Nous ne sommes pas au bord de l'abîme, poursuit la jeune femme, c'est l'abîme même. Comment accepter d'oublier, comment accepter de s'unir sur leurs vies écrasées ? Les souvenirs que nous n'avons pas, ce sont eux qui nous auront, Gonzalo. Si on ne se souvient pas, l'histoire se répétera et nous serons condamnés à nous répéter aussi. Le souvenir, c'est la subversion, puisque nous nous battons contre une machine d'oubli[1]. » Plus loin, Carmen Castillo évoque sa difficulté à faire le deuil du drame qui fut le sien, de longues années auparavant : « Avant, la mort ne m'effrayait pas. Maintenant que j'habite loin des précipices et des passions, elle me hante comme une compagne arrivée à l'heure de la sieste et qui ne me quitterait plus. »

Comment admettre la fin de ces hommes et de ces femmes dont personne, jamais, n'a transmis la nouvelle de l'arrestation ni de la mort ? Quelle possibilité, pour les survivants, d'intégrer une réalité, si douloureuse soit-elle, qui ne s'inscrit nulle part ? L'imaginaire, en des

1. Carmen Castillo, *Ligne de fuite*, Barrault, 1998.

périodes aussi troublées, déploie à l'infini le champ de l'insupportable. L'illusion aussi, car la famille, en perpétuelle recherche, croit apercevoir le disparu dans la foule. Elle rêve et rêve encore de son retour. Elle passe, à longueur de mois et d'années, d'un espoir fou à la plus profonde désespérance. Son angoisse est sans fin, la douleur de l'absence la mine, elle s'épuise sans cesse dans une recherche sans repos. Pour elle, tout reste à souffrir. Or la souffrance, pour s'apaiser, doit se fixer, s'ancrer dans une réalité, quelle qu'elle soit. Les familles des disparus n'ont jamais eu droit à cette vérité. Sans elle, tout avenir est impossible. Les mères argentines de la place de Mai, qui tant d'années ont manifesté dans l'espoir d'attirer l'attention sur le sort de leurs enfants ou de leurs époux dont elles étaient sans nouvelles, sont l'exemple pathétique de ces deuils impossibles à faire. Elles étaient, à l'époque, la proie de craintes, de suppositions, d'angoisses, voire d'espoirs intolérables. Le mensonge institutionnalisé les privait de la nouvelle qu'elles redoutaient, de cette réalité qui leur aurait permis d'affronter la douloureuse rupture et d'aborder un travail de deuil.

« Je déteste cette expression de travail de deuil, m'a récemment déclaré une amie, mère d'un fils décédé d'une myopathie. Cela ne veut rien dire. On ne fait jamais le deuil de son enfant. » Cette femme a soigné son fils, elle sait où il est enterré et elle vit dans son souvenir. Ses paroles – que j'entends si souvent dans la bouche de parents endeuillés – soulignent toute la difficulté à assumer les pertes difficiles. Certaines mères d'Argentine se sont vu « conseillé » de quitter leur terre natale pour l'étranger. Leurs réflexions traduisent le même désarroi poignant : « Ils ont tué mon fils, et vous voudriez que je l'abandonne, seul, ici ? » « Il nous attend, je ne peux quitter mon pays. » « Il va avoir froid, tout seul. »

L'appartenance à un groupe social, à une communauté ou à un pays se définit à travers la mémoire collective ; l'histoire de chacun se vit, s'écrit, se transmet pour que chaque être trouve sa place dans le destin de l'humanité. Ces hommes et ces femmes qui ont brusquement disparu et dont plus personne n'a jamais eu de nouvelles mourront indéfiniment pour leurs survivants, les vouant ainsi à une souffrance sans fin. Pas de corps, pas de mort. Ni tombe, ni rite. Pas de souvenirs à évoquer, pas d'histoire à transmettre, ni de fin à regretter, si tragique fût-elle. Encore une fois, alors que le deuil de chacun de ces disparus n'a aucune chance de s'élaborer, c'est aussi le deuil d'humanité qu'il faut faire. D'une humanité qui demeure défaillante et s'acharne à rompre tout lien, tout sentiment humain, ce que Simon Wiesenthal, ancien déporté, décrit si douloureusement : « Est-ce que ce sont seulement les nazis qui ont déclenché sur nous ce malheur atroce ? Ou tous les autres aussi, qui regardaient, tranquillement et sans protester, réduire des humains à un tel degré d'avilissement ? Sommes-nous même encore des humains à leurs yeux[1] ? »

Dans son rapport, la Commission nationale sur la disparition de personnes en Argentine a reconnu en 1983 : « Avec la méthode des disparitions et ces conséquences,

1. Simon Wiesenthal, *Les Fleurs de soleil*, Stock, 1969.

tous les principes éthiques érigés par les grandes religions et les plus hautes philosophies au long des millénaires de souffrance et de calamités ont été piétinés et ignorés de façon barbare. » Cela n'empêchait pas l'archevêque de La Plata, qui, en tant que représentant du pouvoir religieux, était censé soulager la souffrance, apporter la paix, voire sauver, d'affirmer à l'époque de la guerre sale en Argentine : « Sept heures de torture ne sont pas un péché[1]. »

Un deuil a besoin de certitudes. Abandonner l'espoir de retrouver un jour l'être aimé revient à l'abandonner lui-même, ce qui est inconcevable pour ses proches. Il est donc compréhensible que ces hommes et ces femmes à la recherche de leurs disparus ne renoncent ni à leur quête de vérité, ni à leur quête de justice. Après, seulement, ils pourront s'autoriser à enterrer leurs morts et à entreprendre, si cela est encore possible, un travail de deuil.

---

1. Horacio Verbitsky, *El Vuelo, la guerre sale en Argentine*, éditions Dagorno, 1996.

10

CES DEUILS SI DOULOUREUX DE LA VIEILLESSE

« Un grand sommeil noir
Tombe sur ma vie :
Dormez, tout espoir,
Dormez, toute envie !

Je ne vois plus rien,
Je perds la mémoire
Du mal et du bien...
Ô la triste histoire !

Je suis un berceau
Qu'une main balance
Au creux d'un caveau...
Silence, silence ! »

(Paul Verlaine, *Sagesse*.)

UNE SOCIÉTÉ OÙ IL EST DIFFICILE DE VIEILLIR

Le vieillissement m'angoisse et me fascine à la fois. Quoi de plus réconfortant que de voir certains nonagénaires continuer de mener leur vie tambour battant, rêver, espérer, entreprendre comme s'ils avaient encore toute une vie devant eux ? Je suis souvent restée admirative devant une vieille dame qui m'annonçait son grand âge. Plus de cent ans, et elle vivait toujours seule, montant ses quatre étages après avoir fait ses courses. A quatre-vingt-huit ans, Lucie Aubrac continue à courir d'un collège ou d'un lycée à l'autre pour perpétuer le souvenir de la Résistance. A quatre-vingts ans, Michèle Morgan et Gérard Oury n'ont rien perdu de leur prestance. Et nous pourrions en citer tant d'autres, hommes et femmes, qui parcourent leur vieillesse comme un grand pan de vie.

Aujourd'hui, la médecine nous offre de vieillir. S'il y a lieu de s'en réjouir, beaucoup se posent la question de savoir s'il est bon, dans notre société de progrès, de prolonger si longtemps la vie.

La vieillesse est une période de deuils. Deuils des amis, des connaissances, des voisins, des enfants ou petits-enfants parfois. Il est cependant d'autres deuils, symboliques certes, mais qui atteignent beaucoup plus douloureusement qu'on ne le croit la personne vieillissante. Tout le monde ne jouit pas d'une santé florissante et, même si les traitements médicaux guérissent ou soulagent, la perte d'autonomie qu'entraînent certaines maladies atteint nos anciens beaucoup plus qu'on ne le croit. Je les entends souvent se plaindre de leur vue qui baisse, de leurs jambes qui les portent moins bien, de leur souffle devenu court et de leurs doigts gourds, malhabiles.

Une vieille dame en train d'ouvrir un pack de lait remarque en grimaçant de douleur : « Vous croyez qu'ils pensent aux vieux quand ils conditionnent leurs marchandises ? Ils s'en fichent, du moment que leurs emballages tiennent bon ! » Je lui confie que je ressens la même indignation, et je lui conseille d'avoir toujours une paire de ciseaux à portée de main, comme moi. Elle a un sursaut de colère : « Mais c'est que j'ai envie de continuer à vivre, moi ! » Sous-entendu : « Comme avant, comme du temps où, jeune encore, je n'imaginais même pas que mon corps pût me trahir un jour. »

Pour des hommes et des femmes qui ont conservé le goût de vivre et l'envie d'entreprendre, la déchéance physique est un deuil difficile. Beaucoup pensent que l'un ne va pas sans l'autre, qu'il suffit que l'esprit soit dynamique pour que le corps le demeure. Rien n'est moins sûr, et les petits malaises liés à la vieillesse sont autant de rappels à l'ordre souvent difficiles à vivre et à assumer. Il ne faut pas oublier que, derrière ces apparences qui se modifient, ces corps qui changent, palpitent encore de nombreux désirs. Désir de plaire, notamment, de lire dans le regard de l'autre que l'on existe toujours, que l'on n'est pas devenu totalement insignifiant.

Dans mon enfance, le vieillard jouissait d'une considération qui ne le reléguait pas dans un monde où il avait à faire le deuil de ce qu'il était ou de ce qu'il avait représenté. Il continuait de vivre sans abandonner aucune de ses prérogatives. Je dirais même que la société était garante de son intégrité. Les plus jeunes n'oubliaient jamais de le saluer, ils se levaient pour lui céder la place, lui tenaient la porte, portaient ses paquets lourds, lui demandaient conseil et le respectaient. Les comportements ont changé ; on pourrait presque parler, aujourd'hui, de discrimination. La vieillesse dérange, elle fait désordre dans un paysage dévolu à la beauté, la jeunesse, la santé. Je me souviens d'avoir entendu une jeune femme, à la sortie des bureaux, se plaindre des vieux assis dans le bus en ces termes : « Ils n'ont rien à faire dans les transports à cette heure. Ils ont toute la journée pour se promener, ils n'ont qu'à rentrer chez eux avant la sortie des travailleurs. Nous, nous sommes fatigués, ils occupent les places et nous empêchent de nous asseoir. » J'ai tenté de discuter avec elle, j'ai évoqué la liberté de chacun à disposer de son temps ainsi que la place qui lui revient, quel que soit son âge, dans la société. Rien n'y fit. A aucun moment, je n'ai perçu de fléchissement, ni même un soupçon d'interrogation dans le raisonnement de cette jeune personne.

A la même époque est survenu un fait divers, largement relayé par la presse indignée, qui a beaucoup scandalisé, sans que quiconque ne s'émeuve de la décision prise à l'encontre de ces vieillards que l'on désigne pudiquement par l'expression « troisième âge ». A la piscine municipale d'une petite ville de l'Ouest, quelques après-midi par semaine, étaient apparus des groupes de personnes âgées, accompagnées par une âme généreuse qui pensait, à juste titre, qu'une baignade leur ferait le plus grand bien. Cette heureuse initiative ne dura guère, les mamans des jeunes enfants jugeant intolérable la présence de vieux corps dans la même eau que leur progéniture, et obtenant même une mesure d'interdiction. Comment vivre un tel rejet, un tel abandon, alors que la personne âgée accède à un stade de sa vie où elle est fragilisée parce que tout lui devient plus difficile ? Je suppose que la proposition de l'animatrice n'avait pas recueilli tous les suffrages de ces vieillards ;

ils avaient dû rechigner, arguant de leur âge, de leurs corps, de l'image défaite, plus tout à fait « dans la normalité », qu'ils risquaient de donner d'eux-mêmes. Ils s'exposaient à des regards qu'ils devinaient, d'emblée, hostiles. Quelle blessure de s'être vu rejetés ! Quel deuil aussi, d'eux-mêmes et des autres, ces hommes et ces femmes qui les entourent et refusent de les voir, de les supporter, de les intégrer, de les reconnaître tels qu'ils sont !

Là débute la ségrégation. Notre société tolère les vieux à l'hôpital, en maison de retraite, dans un coin de la maison, au cœur d'un décor conçu pour eux et où elle concède, le temps d'une hâtive visite, de les voir tels qu'ils sont. Mais en dehors de ces ghettos, point de salut pour les hommes et les femmes laborieux, créatifs, épris d'indépendance qu'ils furent. Deuil douloureux, sans personne pour les assister. Or, c'est d'un meurtre qu'il s'agit. La jeune femme qui souhaite leur interdire l'accès à l'autobus, les mères qui refusent leur présence dans la piscine de leurs enfants se laissent porter par des désirs de mort. Elles ne sont d'ailleurs pas les seules : notre société n'est pas en reste dans ses positions vis-à-vis du troisième âge.

L'un des deuils les plus douloureux est l'entrée en maison de retraite. Elle peut certes avoir été décidée par la personne elle-même. Mais, la plupart du temps, ce choix est celui d'une famille hostile qui refuse de s'occuper d'un parent vieillissant, ou d'enfants anxieux, persuadés à juste titre que leur père ou leur mère ne peut plus vivre seul. Mais quels renoncements pour la personne qui se trouve soudain reléguée dans l'univers clos d'une institution où tout est décidé pour elle et, quoi que l'on en dise, sans elle ! C'est bien le deuil d'elle-même qu'elle entreprend, contrainte et forcée : de son intégrité, de son statut d'adulte responsable, seul décisionnaire dans sa vie. Le deuil aussi de son enfant qui l'abandonne là, et dont elle espérait qu'il la protégerait jusqu'à la fin. Le deuil, enfin, ô combien difficile, de la maison où elle a vécu tant d'années avec ses bruits, ses odeurs, les mille objets auxquels elle est attachée, comme le lit, par exemple, où ses enfants sont peut-être nés, les habitudes, la rue, le quartier, les voisins et les commerçants, les petits rites de chaque jour qui marquaient son indépendance, ses plaisirs, son existence tout entière. A la place, elle se retrouve dans une chambre anonyme, au milieu de meubles étrangers, laids et la plupart du temps mal conçus, dans un environnement rigide, réglementé, où peu à peu la voix, le souffle, le désir vont s'émousser. L'individu passe de l'indépendance à la dépendance, du rêve à l'inertie, de la parole au silence, du « moi je suis, je pense, j'exige, j'aime » au « moi j'étais, je ne sais plus, je voudrais bien, je n'aime pas, mais personne ne m'écoute ».

Dans ces renoncements qui émaillent la vie de chaque jour, la personne âgée se trouve piégée et contrainte de faire les deuils de ces désirs, de sa personnalité, de ses colères aussi – car il n'est pas bon de se faire remarquer dans de tels établissements ; elle y perdrait jusqu'au semblant d'amour dont on l'entoure ! Ses jours sont alors confrontés à une réalité dans laquelle elle ne trouve plus sa place. Autour d'elle, tout est lissé, réfléchi, organisé pour elle, dans un fonctionnement redoutable –

mais toujours pour son bien, estiment ceux qui pensent pour elle. Sa vie n'a plus qu'un sens : de renoncements en renoncements, de deuils en deuils, se laisser glisser vers la mort. Encore sujet, maître de ses pensées et de ses actes, le vieillard ne songe qu'à poursuivre sa vie. Devenu objet entre les mains des autres, il voit la mort approcher, la devine, la redoute, mais sans pouvoir l'apprivoiser comme le ferait un homme libre. C'est la liberté qui donne et entretient le goût de survivre. Sans elle, sans ce respect que le vieillard possède de son intégrité, il apprend le goût de la mort.

Qu'une institution ait besoin d'un minimum de règles pour fonctionner, qui en douterait ? Ce sont d'autres gestes qui poussent le vieillard au deuil de lui-même. Les repas accélérés, le soir notamment, parce qu'il faudra s'être couché avant l'arrivée de l'équipe de nuit. « Mais il n'a pas mangé son dessert ! », s'exclamait une soignante en désignant un vieil homme que l'on relevait trop tôt de sa chaise pour le reconduire à sa chambre. « Il le mangera demain », lui répondit-on, tandis que la crème flambée disparaissait dans un sac-poubelle. Et qui ne connaît l'histoire des bas de contention, qui se répète, à longueur d'années, dans la plupart des maisons de retraite ? « Vous portez bien vos bas de contention ? », s'inquiète le médecin en se penchant sur une vieille dame. « C'est impossible, réplique-t-elle, il n'y a personne pour me les retirer, le soir. » De fait, l'équipe de jour, après le souper, a tout juste le temps de coucher tous ses pensionnaires avant l'arrivée de l'équipe de nuit. Dans ces emplois du temps tirés au cordeau, nul temps de prévu pour retirer une paire de bas...

Je me rappelle qu'un soir, tout à fait par hasard, j'attendais une connaissance devant une maison de retraite. On était en juillet, il devait être 19 heures. La journée avait été torride, et le soir apportait enfin de la fraîcheur. En face s'étendait le parc de l'établissement, avec son petit bois, ses pelouses, ses bancs ; de temps à autre, un merle piquait en flèche vers un parterre de fleurs. Moment rare où l'on se dit qu'il fait bon vivre. Mon regard se posa alors sur la maison de retraite, massive et silencieuse. Tous les volets étaient tirés. J'imaginai soudain ces hommes et ces femmes, enfermés dans leur chambre sans doute surchauffée, déjà couchés pour une nuit qui ne descendrait que trois ou quatre heures plus tard. Comme ils auraient goûté d'être assis sur les bancs du jardin ! N'y a-t-il pas de quoi prendre un « coup de vieux », lorsque l'on est traité avec si peu d'amour, dans ce sas douloureux, entre la vie et la mort, où l'on ne se sent plus tout à fait vivant et pas encore mort ?

Je suis toujours stupéfaite de voir certaines personnes « penser et agir pour le bien des autres ». L'expression « c'est pour ton bien » a scandé la jeunesse des personnes de ma génération. Que ne nous a-t-on pas fait supporter « pour notre bien » ? Si certains ont compris et admis que tout être humain n'appartient qu'à lui-même et est libre de choisir la vie qui lui convient, beaucoup continuent d'imposer leur seule volonté pour « le bien des autres ». C'est le cas dans les maisons de retraite, alors que la moindre parcelle d'autonomie est bénéfique au vieillard et qu'il conviendrait de susciter ses désirs et d'encourager ses entreprises. Combien de soignants décident eux-mêmes de la tenue vestimentaire de leurs pensionnaires, ou gèrent le peu d'argent à leur disposition, alors que l'État saisit déjà la plus grosse partie de leurs revenus pour financer leur séjour en établissement spécialisé ! « Si je n'y prête pas garde, s'exclame une soignante, il va tout dépenser avec les autres ! — Et alors ? c'est son argent ! — Oui, mais s'il continue, il n'en aura plus ! — Est-ce si grave ? — Non, mais les autres n'ont pas à en profiter de cette façon. » Et ce n'est qu'un exemple parmi d'autres. Tout est bon pour réduire, contraindre, « tutorer » et infantiliser au nom du devoir, jamais de l'amour. Encore un deuil que doit faire le vieillard : celui de sa liberté, de ses plaisirs. Plaisir d'offrir, de régaler, d'exister à travers sa relation aux autres, qu'il tisse en leur offrant un verre ou de menus cadeaux.

On ne peut nier qu'il y ait, dans cette façon d'agir, quelque chose de difficilement supportable. « Comment faire autrement ? s'exclament les responsables. Il faut bien les nourrir et les chauffer. Cela nous facilite la tâche d'avoir accès à leurs revenus ! » Peut-être. Mais les priver du droit de signer, de gérer financièrement leur propre existence, revient, quoi que l'on pense, à les reléguer dans une non-existence. Même si le vieillard, pour des raisons de santé, n'a plus accès à ses revenus, ne conviendrait-il pas de l'associer, chaque mois, au paiement de sa pension, d'évoquer la somme qu'il doit et de lui dire à quoi elle va servir ? Payer, c'est être estimé. Et il est important, pour le vieillard, de ne pas avoir à faire ce deuil-là.

Longtemps, la sexualité a été tabou dans notre société. On sait maintenant – du moins, on ose en parler – quelle importance elle revêt dans la vie de chaque adulte. Quoi que l'on en pense, il en est de même pour le vieillard. Nos grands-mères, une fois veuves, semblaient y renoncer tout naturellement. Durant mon enfance, il ne serait venu à l'idée de personne de voir sa grand-mère refaire sa vie ou entamer une liaison avec un autre homme. C'était impensable. En revanche, il était mieux accepté qu'un veuf se remarie ou entretienne, éventuellement, une aventure discrète. Il y a quelques années seulement que l'on se soucie de la sexualité des personnes âgées, découvrant qu'elle avait son importance tout au long du vieillissement. Lorsque le vieillard vit chez lui, sa liberté sexuelle lui est tout acquise. Mais c'est en maison de retraite que le problème se pose avec le plus d'acuité. Les résidants doivent, bien souvent contre leur gré, faire le deuil de leurs désirs. Les soignants, jusqu'à une date récente, s'y opposaient, jugeant inconvenant que s'ébauche une relation amoureuse entre un homme et une femme devenus vieux. Leurs enfants aussi, sans doute jaloux de l'image qu'ils souhaitaient conserver de leurs parents, cherchaient à empêcher, voire à interdire toute liaison de leur père ou de leur mère avec un nouveau venu.

Séduire, rêver, espérer, attendre et s'inquiéter, aimer sont des ingrédients de vie très forts. Il convient de les susciter et de les encourager pour que le désir de vie se prolonge et que la vie, elle-même, non seulement reprenne tout son sens, mais se prolonge à l'infini. Beaucoup de vieillards redoutent qu'une relation sexuelle ne leur cause une crise cardiaque. Rien n'est plus faux. Certains gérontologues affirment que conduire une voiture sur un long trajet est beaucoup plus stressant qu'un épisode amoureux. En revanche, l'émotivité peut être plus dangereuse que l'acte lui-même. Certaines femmes, dont la sexualité n'a jamais trouvé aucun épanouissement, n'éprouvent aucun inconvénient à y renoncer dans leur vieillesse. D'autres, que leur ménopause protège de grossesses tant redoutées, découvrent tous les plaisirs d'une sexualité sans risque. D'autres enfin, qui ont tout au long de leur vie vécu de relations harmonieuses, ne voient aucune raison de les interrompre dans leur vieillesse. Elles demeurent séduisantes, actives, maîtresses de leur vie et de leur corps.

Il ne faudrait pas que l'exemple de quelques beaux vieillards nous fasse perdre de vue tous les autres, usés, isolés, malades, installés dans une dépendance qui est une véritable antichambre de la mort. Tout vieillissement dépend de la capacité de chacun à accepter la perte de soi. Bien vieillir revient à aborder sa finitude avec une certaine sagesse et à apprendre à se libérer de ce que nous fûmes pour vivre pleinement ce que, au jour le jour, nous devenons.

CONCLUSION

> *« C'est un peu comme si tu avais déposé sur mon cœur*
> *Quelques gouttes de rosée*
> *Celles qui permettent aux fleurs*
> *D'être plus fraîches le matin. »*
>
> (Joëlle Lecacheur, *Une vie si belle et si brève, 45*, éd. Sauramps, 1998.)

LE DEUIL, L'UNE DES EXPÉRIENCES LES PLUS DOULOUREUSES DE LA VIE

Tous les deuils ne se vivent pas de la même façon. Chacun de nous, frappé par la perte d'un être cher, réagit différemment. Tout dépend de la manière dont l'individu s'est construit, de la difficulté qu'il a éprouvée à vivre les premiers deuils de son existence et du lien qui l'attachait au disparu.

Longtemps, les rites de deuil ont présidé à la conduite de ces moments particulièrement pénibles. Les endeuillés, frappés dans leur chair, se sentaient soutenus, portés par la famille, les amis, les proches, les voisins, le prêtre s'ils étaient croyants. Un temps infini était consacré aux cérémonies qui rythmaient le temps de la séparation. Les survivants trouvaient maints appuis capables de les soutenir, de les aider, de les accompagner tout au long de ces terribles moments. De nos jours, où nos principales préoccupations s'orientent vers la vie – ce qui, somme toute, est compréhensible –, nous ne laissons plus la mort occuper la place qui lui revient dans notre quotidien et nous ne lui consacrons plus guère de temps. Un temps pourtant nécessaire aux survivants, hébétés de souffrance et de solitude. C'est dans ces moments que le temps devrait « suspendre son vol ». Et que l'entourage, attentif et amical, devrait offrir toute sa sollicitude à la famille éprouvée. Il ne s'agit pas de démonstrations intempestives, mais d'un accompagnement discret, de temps d'écoute, de compréhension, de tendresse et de patience.

Le temps du deuil est long. Il diffère d'un être à l'autre. Pour certains, il ne se fera jamais, ce qui, souvent, désole l'entourage. S'il convient de conseiller l'aide de spécialistes, il est important de ne pas insister, ni de porter le moindre jugement sur ces endeuillés incapables d'y avoir recours. L'aide aux personnes en deuil doit se pratiquer dans l'amour et la tolérance, surtout dans une société qui, malheureusement, a perdu le sens des rites.

Connaître les différentes réactions qui se produisent lors d'un deuil – les stades du processus de deuil, comme disent les spécialistes – ne signifie pas forcément, pour la personne en souffrance, qu'elle va pouvoir entamer son travail de deuil.

Il m'est arrivé de rencontrer des parents terriblement choqués par la mort d'un de leurs enfants. Ils vivaient prostrés dans leur douleur et refusaient obstinément toute aide. Cette attitude farouche leur semblait le seul moyen de ne pas rompre avec l'enfant disparu, de développer une sorte de culte fondé sur l'affliction et de renoncer à jamais à la moindre paix. C'est dire la difficulté à faire le deuil d'un être aimé.

L'endeuillé est d'une fragilité extrême. Le choc qu'il vient de subir est d'une telle violence qu'il s'expose à la maladie, perd le goût de la nourriture, ne trouve plus le sommeil ou sombre dans des cauchemars lorsqu'il lui arrive de s'assoupir. Il se replie sur lui-même, refusant tout contact avec l'extérieur. Il n'a plus ni rêves, ni projets. La vie lui semble insipide, il croit qu'il n'en retrouvera jamais le goût. Durant cette période d'une extraordinaire complexité, il est important qu'il soit entouré avec tendresse et sollicitude. Il ne s'agit pas de l'étouffer en débordant d'attentions qui risqueraient très vite de l'indisposer. Être présent avec discrétion, entendre le sens de sa plainte, se montrer disponible sont autant d'attitudes qui l'aideront dans son difficile périple.

Très souvent l'entourage, bouleversé par l'épreuve que vit la personne en souffrance, risque des conseils qu'il croit pertinents : « Tu devrais sortir, enlever ces photos sur ta cheminée ou ta table de nuit. Tu devrais moins aller au cimetière, cela te fait du mal. Libère la chambre de ton enfant, tu ne peux pas toujours vivre comme s'il allait revenir, etc. »

Le travail de deuil est un cheminement solitaire. Chercher à en précipiter le processus ne peut que générer de la souffrance. Le temps que chacun prend pour parcourir une période aussi douloureuse doit être respecté. Effort surhumain qui exige des forces considérables, alors que l'organisme se trouve, en raison même du traumatisme, dans un état d'extrême faiblesse. Les larmes sont nécessaires : laissons-les couler. Je dirais même qu'elles sont, pour celui qui les verse, d'une aide considérable. Bienheureux ceux qui peuvent pleurer ! Qu'ils pleurent tout leur saoul et libèrent ainsi l'immense tension qui les opprime. Ils ne s'en porteront que mieux lorsque le moment de reprendre pied dans la vie sera venu. Car le chagrin ne lâche pas facilement prise. Il s'enracine, bien au contraire, et, s'il n'est pas vécu comme doivent se vivre tous les chagrins, avec des cris, des sanglots, des larmes, des paroles de regret et de désespoir, c'est avec lui qu'il faudra compter chaque jour, chaque heure de sa vie. Une vie de tensions intérieures, de déchirements, de comportements exacerbés, d'amertume, de difficulté à affronter les événements. Tout est bon pour provoquer les larmes : tout d'abord ne jamais les refouler, sous prétexte que l'on est dans la rue, dans un magasin ou entre amis ; ensuite, évoquer le disparu, raconter les jours heureux, regretter ceux qui le furent moins, contempler des photos, caresser un objet lui ayant appartenu, écouter la musique qu'il aimait. La grande souffrance que l'on croyait définitive, presque éternelle, trouvera quelque apaisement dans ces rites d'apparence anodine, mais d'une grande importance. Moments bénis où le chagrin se raconte, moments secrets où la douleur s'écoule.

Nous vivons, aujourd'hui, comme si le traumatisme lié à la perte ne trouvait plus la moindre place dans nos vies. Il convient de lui réaménager un espace suffisant, reconnu, pour permettre aux endeuillés de vivre leur peine et d'entamer plus aisément leur travail de deuil. A une époque où la communication envahit les esprits, où les ressorts de la dynamique de groupe sont prônés jusque dans les actes les plus élémentaires de notre vie, nous les avons totalement abandonnés dans ce domaine si déchirant de la mort et du deuil. Nos rites ainsi disparus ou la plupart du temps escamotés, parents, amis, voisins se retrouvent entièrement désarmés. Hier encore, veillées, visites, messes commémoratives présidaient aux relations avec les familles en souffrance. Aujourd'hui, on entend souvent dire : « J'irais bien le (la) voir, mais je ne sais que dire, que faire. Alors, je préfère ne pas y aller. »

D'un autre côté, les plaintes des endeuillés se recoupent : « Nous avons été entourés le jour des obsèques, mais, depuis, plus personne ne vient nous voir. » Il ne s'agit pourtant pas de s'imposer alors que notre visite ne serait pas souhaitée. Bien sûr, il convient d'agir avec la plus grande délicatesse. Nul n'imagine le chemin de souffrance sur lequel ces familles en deuil viennent de s'engager. Accepter la perte tout d'abord, s'en convaincre, admettre le terrible « plus jamais ». Effort particulièrement difficile si la mort a été brutale et si aucun pré-deuil n'a pu se faire. Vivre sa douleur ensuite, ne pas tenter de la refouler et, autant que possible, ne pas l'apaiser avec des médicaments : elle trouvera toujours le moyen de resurgir, sous quelque forme que ce soit. Sangloter dans les bras de familiers, évoquer ensemble le disparu ne peut être que bénéfique. Le défunt, au fil des jours, intégrera le monde des morts, car le pleurer, c'est aussi le laisser partir. Tant de couples refusent de « libérer » un enfant disparu. Le silence, au fil des jours et des années, s'est installé entre ces parents. L'enfant qu'ils n'ont, symboliquement, jamais enterré, continue de vivre entre eux, de les torturer de la manière la plus cruelle qui soit, car c'est séparément, la plupart du temps, qu'ils vivent ces grands tourments.

Des groupes de paroles pour endeuillés se constituent peu à peu en France, notamment animés par les associations JALMALV (Jusqu'A La Mort Accompagner La Vie[1]). Ces groupes, animés par des bénévoles, accueillent une fois par mois six ou huit personnes qui, entre elles, évoquent leurs disparus. Elles découvrent ainsi qu'elles ne sont pas isolées dans leur souffrance et n'hésitent pas à s'entraider. Se confier à d'autres qui vivent la même affliction les porte plus facilement à dire leur douleur et, certainement, à mieux la vivre.

Plus la perte est importante, plus le traumatisme est long à apaiser. L'avenir, durant des mois, voire des années, s'écrit de progrès en rechutes, de moments de courage où tout paraît de nouveau possible, en périodes d'intense désespoir. L'essentiel est alors de se fixer des objectifs, de ne pas rompre avec l'extérieur, collègues de travail, amis, voisinage. De s'obliger à une vie réglée dans laquelle repas, temps de repos, de

1. La fédération JALMALV (Jusqu'A La Mort Accompagner La Vie) regroupe, en France, plus de soixante associations spécialisées dans l'accompagnement de fin de vie et du deuil et plus de cinq mille adhérents. Siège social : 4 bis, rue Hector-Berlioz, 38000 Grenoble. Secrétariat national : 132, rue du Faubourg-Saint-Denis, 75010 Paris — Tél. : 01 40 35 89 40.

visites et de loisirs auront leur place. Rien ne sert de vivre recroquevillé, même si la tentation en est forte. Peut-être suffirait-il de se répéter, lors des moments difficiles, que le défunt aurait été peiné de tant de fragilité. J'ai si souvent entendu des endeuillés s'exclamer : « Nous le faisons pour lui (ou pour elle). » Quelle force ont ces hommes et ces femmes qui continuent de vivre et de lutter pour donner un sens à l'invivable !

Je ne me considère pas comme une spécialiste du deuil. Je ne suis ni médecin, ni psychiatre, ni psychanalyste. Ma propre analyse m'a, bien sûr, permis de comprendre certains ressorts de l'esprit humain. Mais c'est surtout mon histoire, celle d'un deuil interdit, qui me porte vers ceux qui souffrent. Cette expérience, puis mes observations, m'ont permis de comprendre toute la complexité des réactions liées à la perte d'un être cher. Elles m'ont également enseigné comme une attitude simple et aimante est utile à toute personne en affliction.

Lors d'un récent colloque, je suis intervenue sur la fin de vie et le deuil. L'assemblée se composait de soignants, de religieuses, de familles et d'un conseiller général. Durant mon exposé, à plusieurs reprises, j'évitai le mot « amour » qui me brûlait les lèvres, de peur de paraître « ringarde ». Au cours du débat qui suivit, le conseiller général sollicita la parole : « Dans tout ce que vous avez dit, me fit-il remarquer, il y a un mot que j'aurais aimé entendre et que vous n'avez pas prononcé, c'est le mot “amour”. » Quelle perspicacité ! Oser l'amour dans notre relation à l'autre. Oser l'aimer, le respecter, l'entendre, le comprendre. Et, surtout, ne pas redouter de le dire, de la façon la plus simple, la plus naturelle qui soit. « Tu es dans l'affliction et je suis près de toi. Aimant, à l'écoute de tes besoins, silencieux, fidèle. Maladroit parfois, mais présent quoi qu'il arrive ! J'ai tant de choses à te dire, mais les mots me manquent. Il y a tant de compassion en moi, que je ne sais comment traduire. Sache simplement que je serai là chaque fois que tu auras besoin de moi. » Même si elles ne l'avouent pas toujours, les personnes en souffrance sont en recherche de cette chaleur qui traduit la reconnaissance de leur statut d'endeuillés par leur entourage, leur quartier, la société. Il semblerait, à les entendre, qu'être reconnues dans leur douleur soit déjà un premier pas vers l'apaisement.

3677

Imprimé en Allemagne par Elsnerdruck

pour le compte des
Nouvelles Éditions Marabout
D. L. n° 21875 - mars 2002
ISBN : 2-501-03790-1